Aquí viven leones

Aquí viven leones

Viaje a las guaridas de los grandes escritores

**FERNANDO SAVATER
& SARA TORRES**

De corazón para tu alma

Índice

Prólogo

You got me singing
Even tho' the news is bad
You got me singing
The only song I ever had.

LEONARD COHEN

Nadie pone en duda que el paisaje urbano o natural donde ha vivido un escritor marca necesariamente su obra, aunque a menudo no sea explícito. Pero igual de indudable es que para quien ha leído al autor, también el paisaje donde transcurrió su vida y creó su obra está sellado por esa sombra tutelar. No podemos recorrer la estepa manchega y ver a lo lejos un molino o pasar junto a una venta sin evocar a don Quijote y por tanto a Cervantes; el barrio de Palermo o los arrabales de Buenos Aires no son iguales para los amantes de Borges que para los demás, y pasear en Londres por Bloomsbury no es sencillamente hacer turismo sino recorrer páginas inolvidables de la literatura inglesa contemporánea, a poco que uno haya leído a Virginia Woolf y Lytton Strachey. ¿Fetichismo? Pues adelante con el fetichismo, que también es una forma de amor. O mejor dicho, cualquier amor —balbuciente o sublime— siempre es una forma de fetichismo.

11

Toda gran obra literaria encierra un enigma, además del hechizo que ejerce sobre nuestra sensibilidad e imaginación: el enigma de su autor. ¿Por qué fue él y no otro quien halló el tesoro? ¿Cómo desarrolló esos dones o, quizá, cómo aprovechó sus limitaciones en su favor? Carnal y doméstico como cualquiera de nosotros, deambuló por unas calles que también sus admiradores podemos recorrer, subió a unas colinas o se sentó bajo un árbol que aún se nos ofrecen, miró los cambios de esa parcela del cielo que ahora vemos, se entretuvo soñando ante ese pedazo de mar. Y ahora sus restos físicos, definitivamente insignificantes, se guardan en esa tumba apartada del pequeño cementerio rural o en ese gran mausoleo metropolitano. A través de esas pistas evocamos su figura, y ese conjuro personal sirve para complementar nuestra lectura de su obra, aunque nunca para sustituirla. Más bien al contrario, es un pretexto para volver sobre ella y recaer en el placer que nos causa, pero ahora con un decorado y un paisaje que nos permiten quizá comprenderla mejor... ¡o que nos intrigan aún más sobre el hechizo que encierra!

Hace unos pocos años, Sara Torres y yo hicimos una serie de documentales para televisión sobre sitios donde nacieron, vivieron y murieron algunos de nuestros escritores preferidos. Se tituló *Lugares con genio* y también dio lugar a un libro que recogía al vuelo (a veces de modo no totalmente fiable) mis intervenciones en los programas y las de algunos expertos o lectores apasionados con los que me entrevisté en ellos. El resultado fue aceptable (mucho mejor en la parte filmada que en la escrita), pero pagamos la novatada, como suele decirse, y cometimos equivocaciones que nos enseñaron cómo hacerlo mejor si volvíamos a intentarlo. Y eso, intentarlo de nuevo, es lo que pretendimos hacer sin contar con que la crisis económica convertía en utópica la búsqueda de financiación hasta para un proyecto tan económicamente discreto como el nuestro. Hubiera podido financiarse con menos de lo que cobra Belén Esteban o similares por participar en *Sálvame*, pero ni la televisión pública ni las otras cadenas (a pesar de que las principales dependen de grandes grupos editoriales) estaban dispuestas a financiar un proyecto tan insólita y provocativamente cultural. De modo que Sara y yo decidimos en primer lugar centrarnos en hacer un libro sobre el tema, más cuidado en cuanto al texto y las ilustraciones, dejando para más adelante la posibilidad de nuevos programas televisivos de renovado planteamiento. Un libro culto pero sin academicismos, con toques populares en la parte de la imagen (genial la idea de Sara de incluir un pequeño cómic sobre una obra de cada autor, que me recordaba aquella colección de mi infancia, «Historias», que combinaba el tebeo y el texto, en la que leí a muchos de mis primeros clásicos), que intentase *contagiar* a los lectores nuestro fervor por los autores y también mostrase otros puntos de interés en los viajes.

Lo que más gozábamos haciendo era la preparación de cada capítulo, recorriendo Recanati y Nápoles en busca de Leopardi, el Torquay de Agatha Christie o la inagotable Normandía de Flaubert... Siempre fuimos acompañados de nuestro amigo José Luis Merino, indispensable apoyo en los buenos momentos y aún más necesario y meritorio luego, en los malos. Cuando disfrutábamos de Galicia en pos de Valle-Inclán, Sara cayó enferma de un mal atroz. Eso no mermó su entusiasmo ni su capacidad de seguir planeando capítulos, dirigiendo su realización gráfica y buscando documentación sobre cada autor. Aprovechó nuestra forzosa estancia en Baltimore, donde fue operada en la Johns Hopkins, para visitar los lugares relacionados con uno de sus autores predilectos, Edgar Allan Poe. A los pocos días de la intervención, capaz de postrar a cualquiera, ya estábamos visitando y fotografiando la tumba del poeta tenebroso. Al acabar nuestro trabajo, mientras José Luis y yo recogíamos cámaras y grabadoras, Sara se acercó a la lápida e hizo una leve caricia de despedida al retrato de Poe grabado en ella. Fue un gesto tan suyo, tan lleno de su infinita gracia hecha de inocencia y pasión, que no puedo recordarlo sin lágrimas. Lágrimas de amor y de gratitud por haberla conocido.

Murió pocos meses después, sufriendo mucho, sin dejar empero de alentar nuestro trabajo y revisar los textos que yo iba escribiendo. En este libro figura por primera vez su nombre junto al mío como autora, y así debería haber sido en tantos otros de los que he firmado en solitario, porque sin sus ideas, sin su vigilancia crítica, sin su imperioso estímulo no habrían sido escritos. Nunca quiso figurar como coautora, aunque vigilaba con celo que siempre hubiese una palabra de dedicatoria para ella. Ahora, por fin, en la portada de este aparecemos juntos, como vivimos, trabajamos, luchamos, reímos y lloramos juntos tanto tiempo. Sin su colaboración en las últimas etapas, seguramente este libro ha quedado notablemente empobrecido, a pesar de mis esfuerzos y los de José Luis por que fuese tal como ella hubiera querido. Hemos tenido que suprimir algunos de los autores proyectados, tan interesantes como H. P. Lovecraft, Isak Dinesen o Emily Dickinson. Parece que ya no habrá oportunidad de hacerlos. O quizá sí. Según algunas doctrinas orientales, que llegaron hasta los griegos, nuestras almas transmigran después de la muerte a nuevos cuerpos. Espero ese momento increíble, si me toca. Entonces, en esa otra vida, buscaré a Sara y seguro que la encontraré, porque ella también me estará buscando a mí. Nos reconoceremos a través de las máscaras de esos rostros distintos, porque lo que nos une ha sido siempre más fuerte que las apariencias. De nuevo juntos, continuaremos recorriendo lugares con genio para seguir contando la vida de los grandes escritores. Y la nuestra.

San Sebastián, agosto de 2015

William Shakespeare

DESPUÉS DE CONOCER LA MUERTE DE SUS PRETENDIENTES, EDMUNDO DA LA ORDEN DE PARAR EL ASESINATO DE LEAR Y CORDELIA.

CORRED, CORRED. ¡AL MOMENTO!

¿Y A QUIÉN DIRIGIRSE? ¿A QUIÉN ENCARGASTE TU BÁRBARA MISIÓN?

ES VERDAD. TOMA MI ESPADA Y SEÑALA AL CAPITÁN.

POR TU VIDA, DATE PRISA.

DE ORDEN MÍA Y DE TU ESPOSA ESTABA ENCARGADO ESTRANGU-LAR A CORDELIA EN LA PRISIÓN Y ACHACAR SU MUERTE A SU PROPIA DESESPERACIÓN.

LLEVADLE DE AQUÍ POR UN MOMENTO.

¡LA HE PERDIDO PARA SIEMPRE! (...) MIRADLA, INSERVIBLE COMO LA TIERRA.

TRAS LA DESESPERADA DECLARACIÓN DEL REY LEAR, EL CONDE DE KENT LE DESVELA SU VERDADERA IDENTIDAD.

EL REY LEAR - WILLIAM SHAKESPEARE

El inventor de almas

¡A trabajar, a trabajar! Duendes, registrad el castillo de
Windsor arriba y abajo. Esparcid la alegría, silfos,
en cada una de las habitaciones sagradas. Que el castillo
siga en pie hasta el día del Juicio Final, en un estado de
perfección que sea siempre digno de su poseedor,
como su poseedor es digno de él...

A cada uno de nosotros, los verdaderos lectores, nos resulta fácil
aceptar que nuestra vida hubiera sido mucho más insulsa o pobre sin
Quevedo, Borges o Edgar Allan Poe. Pero se nos hace casi imposible
imaginar qué vida hubiéramos tenido sin Shakespeare. La humanidad, en toda su fragilidad y esplendor, existió antes de Shakespeare,
eso es seguro; por tanto, el exageradamente respetado crítico estadounidense Harold Bloom va sin duda demasiado lejos cuando le
declara «el inventor de lo humano». Sin embargo, entendemos lo que
quiere decir y, quizá un poco a regañadientes, compartimos su criterio. Porque lo humano estaba ya antes ahí, pero nuestra perspectiva
sobre los asuntos que lo conciernen, sobre los embelecos del amor y
el atropello de la ambición, sobre la parálisis de la duda, sobre los
abismos de la crueldad, sobre la melancolía dentro de la risa, sobre la
ceguera fatal de la vejez, sobre la imposibilidad de la venganza, sobre

lo impenetrable del mal y la absolución incomprensible del bien, sobre los celos, sobre la civilización y el salvajismo, sobre cuanto miente en nosotros y a pesar de nosotros diciendo palabras verdaderas... sobre eso y todo lo demás que humanamente cuenta vemos, juzgamos y padecemos a través de Shakespeare. La paleta de colores con que iluminamos el mundo y nuestra vida en él es múltiple, contradictoria, paradójica, pero nunca falta innegable el barniz shakespeariano. Es como si nos hubiese ofrecido un perchero de almas en el que siempre encontramos alguna que nos sienta mejor que la nuestra o que se revela precisamente como la que teníamos olvidada.

Y, sin embargo, ese hombre que tanto nos reveló de cómo somos permanece él mismo velado y desconocido. Una de las pocas cosas que sabemos de él es que entre sus papeles preferidos como actor secundario —nunca fue en los escenarios protagonista de sus obras— figuraba el del espectro del padre de Hamlet, que en el primer acto de la tragedia se le aparece a su hijo y desencadena la acción dramática. Pues bien, así es también William Shakespeare en la historia de la literatura: una aparición fantasmal de cuyo paso efectivo por este mundo sabemos poco, salvo que lo cambió para siempre. Las estanterías están llenas de biografías de gente de la que lo sabemos casi todo y no nos interesa casi nada; en el casillero de la que corresponde a Shakespeare no hay casi nada de cierto, aunque quisiéramos saberlo todo. No sólo faltan las circunstancias anecdóticas de su vida, fuera de las más básicas, sino que tampoco lo que escribió descubre su perfil humano o ideológico; no sabemos si fue sincero en sus tomas de partido políticas o meramente oportunista, poco podemos asegurar de sus creencias (aunque Santayana escribió sobre la ausencia de religión en sus piezas), ni siquiera hay unanimidad sobre si su pasión erótica —que, eso sí, sus sonetos muestran que fue de alto voltaje— prefirió un varón o una mujer. Hasta tal punto que algunos estudiosos, contrariados en los apremios de su celo, le han negado al fantasma incluso la autoría de sus obras maestras, atribuyéndolas a diversas personalidades mejor conocidas o al menos más *reconocibles*. Ríos de tinta ayer y de cibertextos hoy se han desbordado buscando alternativas ingeniosas o meramente caprichosas a su propiedad intelectual, sobre todas las cuales sigue sobresaliendo

Casa de William Shakespeare en Stratford.

como más convincente la humorada de Mark Twain: las obras atribuidas a William Shakespeare no las escribió él, sino otro autor... que también era William Shakespeare.

Vamos a los datos biográficos que conocemos con suficiente seguridad. Todo comenzó en Stratford-upon-Avon, una pequeña localidad del condado de Warwick, que hoy —en nuestro presente motorizado— está a poco más de una hora de Londres, pero que a mediados del siglo XVI se encontraba a dos jornadas de caballo o cuatro días de marcha de la capital. Por entonces se instaló allí un tal John Shakespeare, procedente del pueblo vecino de Snitterfield, para dedicarse a la confección de guantes, y después fue prosperando más al ampliar sus negocios al comercio de la lana y de la carne. Se casó con Mary Arden, la hija menor de un hacendado de otro pueblo vecino. ¿Les suena ese apellido? Entonces son buenos conocedores del dramaturgo, porque Arden es el nombre de un bosque cercano a Stratford que se menciona en *Como gustéis*, su comedia pastoril. El matrimonio tuvo ocho hijos, el tercero de los cuales (y primer varón) aparece anotado en el registro parroquial el 26 de abril de 1564 como «Gulielmus filius Johannes Shakspere», aunque había nacido tres días antes, el 23, festividad de san Jorge, patrón celestial de Inglaterra. Él se convertiría luego en su patrón literario, de no menor rango espiritual que el legendario alanceador de dragones... El último de los hijos, Edmund (un nombre que les resulta familiar a los lectores de *King Lear*), también tendrá un porvenir teatral como actor en las obras de su célebre hermano.

Stratford, situado sobre el río Avon (su nombre significa precisamente eso, «el camino que atraviesa el vado»), era una villa conocida por sus ferias anuales. Contaba con dos hermosas iglesias del siglo XIII y con un notable puente de piedra donado a sus conciudadanos por sir Hugh Clapton, una celebridad local que había hecho fortuna en Londres y que también edificó la más bella casa de la localidad en New Place, la cual fue comprada décadas después por quien sería definitivamente el hijo más ilustre del lugar. Su padre, John, fue ascendiendo socialmente en la comunidad hasta llegar a ser nombrado algo así como presidente de la diputación. Incluso llegó a solicitar, sin éxito, que se le concedieran un escudo de armas y el título de *gentleman*. Pero años después sus asuntos públicos entran en crisis, se ve acosado por las deudas y se le imponen varias multas, para responder a las cuales se ve obligado a hipotecar algunas posesiones que su mujer había aportado como dote. La próspera estabilidad familiar sufre un duro varapalo.

De la niñez y adolescencia de William sólo tenemos conjeturas y dudosas leyendas. La más relevante se basa en una observación de su compañero, amigo y rival escénico Ben Jonson, que nos asegura que «sabía poco latín y menos griego». Es decir, que había recibido sólo la instrucción que podía dar la escuela local y que carecía de la preparación universitaria que tuvieron otros escritores educados en Londres, los *university wits*. Este comentario de Jonson ha sustentado las dudas de algunos sobre la autoría de Shakespeare, cuyas obras muestran conocimientos clásicos que van más allá de lo que puede ofrecer un parvulario rural. Como si la curiosidad universal y el afán de saber fuesen asignaturas que sólo se pueden satisfacer en las aulas... Como contraste a esta información derogatoria, los hagiógrafos más entusiastas proponen a un Shakespeare aún adolescente ejerciendo como maestro de escuela o incluso pasante de abogado para remediar la vacilante economía familiar. Hasta llegan a asegurar que, cuando tenía que participar en el sacrificio de alguna res como parte del negocio de su padre, lo hacía pronunciando un discurso de esos tan

Antigua escuela en Stratford donde se supone estudió William Shakespeare.

inolvidables de los que luego abundan en sus obras... Todo forma parte del mito, que rellena generosamente los vacíos de información fiable. Lo más verosímil es imaginarle jugando con los chicos de su edad por los campos que rodean Stratford y acumulando todos esos conocimientos experimentales de plantas y animales que después se encuentran tan certeramente utilizados como metáforas en sus escritos. No ir a la universidad pero corretear al aire libre también tiene sus ventajas, como prueban tantas de sus mejores páginas...

A pesar de vivir en una pequeña comunidad rural, no le faltaron al joven Will oportunidades para familiarizarse con representaciones y festejos escénicos. Situada en una encrucijada de caminos frecuentados, Stratford recibía la visita habitual de compañías de cómicos de la legua, como la del conde de Leicester, la de lord Strange, la del conde de Essex o los Comediantes de la Reina (por supuesto, eran los mecenas en cada caso quienes daban nombre al grupo). Mayor importancia festiva tuvo, sin embargo, la visita de la propia reina Isabel al castillo de Kenilworth, cercano a Stratford, donde vivía su favorito, el conde de Leicester. William tenía entonces sólo once años, pero a pesar de su corta edad sin duda quedó impresionado por las tres semanas de festejos en honor de la soberana, a los que asistieron muchedumbres (a escala de la época, no lo olvidemos) de las localidades próximas y la Corte en todo su esplendor. Hubo fuegos artificiales, mascaradas, escenificación de pasajes mitológicos, farsas y otros juegos, que por unos días reprodujeron el esplendor de las fiestas paganizantes del Renacimiento contra las que tronaban los puritanos partidarios de la Reforma, alentados por panfletos como «Anatomía de los abusos», de Philip Stubbes (reconozcamos de paso que el título es bueno), y otros censores de la licenciosidad real o supuesta de tales diversiones. En aquellos primitivos bocetos teatrales, herederos de los misterios de la Edad Media, los *pageants* representaban, en carromatos ambulantes y con la debida truculencia escénica, tanto episodios del Antiguo y el Nuevo Testamentos como debates moralizantes entre las virtudes y los vicios, en los que encontraban su lugar los torneos ingeniosos y el humor a menudo obsceno. A veces tales representaciones alcanzaban mayor refrendo institucional, siendo acogidas por la Sala de los Gremios de Stratford. Precisamente una de ellas tuvo lugar cuando el padre de William era presidente de esa diputación.

Sin duda estas ocasiones azuzaron en el muchacho su imaginación creadora de personajes, situaciones y diálogos memorables. Sobre ello sólo caben razonables conjeturas. Pero, volviendo a lo mejor documentado, digamos que a los dieciocho años se casó con bastantes prisas con Anne Hathaway, encinta de tres meses y ocho años mayor que él. Tuvieron tres hijos: la primera, Susanna, recibió una educación excelente y fue una mujer de talento reconocido o, como dice su lápida, «witty above her sex». Después nacieron dos gemelos, Hamnet y Judith, de los que el varón murió a los doce años. Sobre las relaciones conyugales de William hay tantas suposiciones y leyendas o más que respecto al resto de los episodios de su biografía. Aunque no falta quien sorprendentemente sostiene que Anne Hathaway fue la misteriosa destinataria de los apasionados sonetos de Shakespeare, la mayoría opina que la relación fue siempre superficial y como forzada. Los amores de Will debieron de correr por otros cauces, no sólo lejos de su mujer sino también lejos de Stratford, y quizá también Anne orientó su erotismo fuera del tálamo matrimonial. Al menos algunos interpretan así la críptica mención en el testamento del poeta según la cual lega a su esposa «su segundo mejor lecho». ¿Una irónica alusión a un pasado adúltero o una fórmula ruti-

Dormitorio en la casa de William Shakespeare.

naria de la época cuyo sentido hemos olvidado? Cuando faltan datos fidedignos, es inevitable que los chasqueados eruditos le busquen tres pies al dato... digo al gato.

Porque lo cierto es que a partir de su matrimonio hay un largo período en el cual todo es borroso en la vida de William; son los llamados «años perdidos». En su precioso *Vidas breves*, John Aubrey sugiere que ofició como preceptor particular en la familia de algún prócer rural. Otro de sus primeros biógrafos, Nicholas Rowe, asegura que anduvo en malas compañías y que era muy dado a malicias y tropelías, como cazar furtivamente venados y conejos en las tierras de sir Thomas Lucy, un hacendado con malas pulgas que más de una vez lo mandó prender y aun azotar. Will se vengó escribiendo una acerba sátira contra él, y el ricachón, en lugar de agradecer el haber sido motivo y destinatario de la primera muestra de talento literario del genio, redobló su inquina contra él, hasta el punto de obligarle a dejar negocios —si los tenía— y familia —que sí tenía— y emigrar a Londres. ¿Fue ése el motivo de su salto a la capital o sencillamente un pretexto para respirar ese aire urbano que «hace a los hombres libres», según decían los medievales, y ampliar sus horizontes de aventura vital?

Lo indudable, dentro del pantano de lo dudoso, es que pocos años después de su matrimonio Shakespeare ya estaba en Londres.

Nueva oleada de conjeturas, aunque todas apuntan en la dirección de su destino teatral. Por entonces, los caballeros distinguidos acudían a los teatros a caballo y dejaban sus monturas a la puerta de la sala donde tenía lugar el espectáculo. Se cuenta que Shakespeare comenzó su peripecia londinense cuidando esos caballos mientras dentro ocurrían los dramas; aún fuera, pero ya cerca del escenario. Un paso más hacia el interior y se convirtió en asistente del apuntador, con la modesta tarea de llamar a los actores a escena cuando les tocaba intervenir. Y así, poco a poco... El joven Will se haría probablemente amigo de un grupo teatral, como los Comediantes de la Reina o tantos otros. Frecuentemente desaparecía alguno de los figurantes (los Comediantes de la Reina, por ejemplo, perdieron a un tal William Knell, muerto en una riña), y el muchacho recién llegado a la capital se ofrecería para sustituirle. Lo demás dependía de su talento y de su voluntad de triunfar...

El Londres al que llegó Will Shakespeare en busca de fortuna (o huyendo del infortunio, tanto da) se había desarrollado muchísimo en las dos últimas décadas, pasando de los cincuenta mil habitantes bajo Enrique VIII a más de doscientos mil con la reina Isabel. La capital abarcaba lo que hoy se llama la City, bordeada al sur por el Támesis, cuyas aguas bullían de peces y que era la principal vía de comunicación, considerado «gloria y riqueza de la villa». Frecuentes barcazas hacían la lanzadera de una orilla a otra del río, pero sólo un puente lo cruzaba, el de Londres. La antigua catedral de San Pablo presidía la aglomeración urbana desde las alturas de una colina en Ludgate, y el barrio que la rodeaba era localización de numerosos editores; se dice que allí habitó Shakespeare cierto tiempo. En aquel Londres el trabajo era duro y las jornadas, agotadoras y feroces, pero las diversiones, sumamente escasas. El aire de la capital —no excesivamente saludable, por cierto, como demuestran las frecuentes epidemias— liberaba a los hombres de las servidumbres de la gleba pero no les regalaba nada. Los prebostes velaban por la moralidad *intra muros* y obligaban a que los juegos, entretenimientos profanos y teatros se mantuvieran fuera de los límites de la ciudad, en Shoreditch o en el Bankside, y también en las posesiones expropiadas a monasterios durante la Reforma, como el terreno aún llamado Black-

Actual teatro The Globe en Londres, santuario shakespeariano.

friars por los monjes que lo poseyeron en su día. El diseño de los teatros de entonces era siempre octogonal o circular; los había *particulares* o techados, como Blackfriars, y *públicos* o a cielo descubierto (menos el escenario y las galerías), como The Globe. Este último tenía capacidad para mil doscientos espectadores, casi el doble que sus inmediatos competidores. Consideradas con recelo moral por los puritanos, esas retiradas salas de espectáculos eran clausuradas de inmediato en cuanto sobrevenía la plaga de la peste, que asoló la ciudad cuatro veces desde mediados del siglo XVI hasta mediados del XVII, produciendo más de cien mil muertos (tuvo un resurgir aún más terrible en el siglo XVIII, cuyo cronista fue Daniel Defoe). El instantáneo cierre de los teatros era una medida más moral que higiénica; se prefería suponer que el libertinaje de los escenarios atraía el castigo divino antes que sospechar de las ratas que pululaban cargadas de pulgas infectadas por los domicilios urbanos...

De la aparición de Will Shakespeare en el mundo teatral londinense, que enseguida se hizo notable, tenemos un primer testimonio directo por la pluma, precisamente, de uno de sus más feroces adversarios, Robert Greene, que murió a los treinta años. En un panfleto que apareció tres meses después de su temprana muerte, titulado «Una libra de ingenio comprada con un millón de arrepentimiento», arremete contra el «arribista, ese cuervo adornado con nuestras plumas». Greene parodia un verso de Will al decir que tiene «un corazón de tigre envuelto en una piel de actor», avisa a los otros autores de que este peligroso sujeto cree que puede hacerlo todo y todo mejor que los demás, y le acusa de considerarse el único «terremoto escénico» (*shakescene*) del país, en un evidente juego verbal con el nombre de su aborrecido adversario. Más allá de la animadversión personal de un rival que se sentía desplazado, este panfleto revela el impacto que supuso la irrupción arrolladora de Shakespeare en el cotarro teatral, el fastidioso asombro que producía su pretensión de ser el mejor en cualquier terreno, fuese cómico o trágico, histórico o alegórico, y también su desenvoltura (o desvergüenza) para apoderarse de «plumas» ajenas y adornar con ellas sus piezas. Vamos, que cuando le parecía conveniente plagiaba o imitaba los aciertos de las obras de otros, según la moda del momento (parece que para seguirla tenía un olfato infalible), con el fin de mejorar sus propias piezas. Y, para colmo, lo que debía de molestar más a Greene y otros como él: esas apropiaciones funcionaban tan bien que hacían olvidar el origen de las plumas prestadas... Ya se ha dicho que sólo en literatura el robo resulta excusable siempre que vaya acompañado del asesinato. Por cierto, para los que gustan de creer que todos los escritores que alcanzan el éxito popular son de calidad inferior a los minoritarios e incomprendidos, el caso de Shakespeare representa una seria objeción a su doctrina. Y el *Quijote* de Cervantes, otra.

Pero la gente no se aficionó al teatro porque lo escribiera Shakespeare, sino que Shakespeare se pasó a la escena porque era la gran afición del público que buscaba diversiones profanas, como luego lo fueron el cine, la televisión y otros flagelos vulgares de las almas refinadas. En la Inglaterra del siglo XVI, eran ya varios los autores que se habían dedicado a satisfacer con éxito el hambre teatral de un público cada vez más amplio y ansioso de innovaciones espectaculares. Uno de los más destacados fue Thomas Kyd, cuya obra *La tragedia española* tuvo gran éxito. El protagonista, el viejo Hierónimo, se finge loco y trama una cruel venganza basada en una representación teatral que sirve como trampa para sus adversarios. Este celebrado argumento no dejó indiferente a Shakespeare y su influencia es evidente tanto en *Hamlet* como en *Tito Andrónico*. Las plumas ajenas de las que se adornaba, etc., aunque de la obra de Kyd sólo se ocupan los historiadores del teatro y las dos piezas de Shakespeare se representan sin cesar. Pero el verdadero posible gran rival de nuestro Will fue Christopher Marlowe, cuyo enorme talento fue cercenado de raíz a los veintiocho años en una pelea de taberna, por una puñalada en un ojo (algunos dicen que fue un asesinato político, porque además de dramaturgo era espía de la Corona). Las obras que conocemos de él, su *Fausto* (que leyó con cuidado Goethe) y su *Tamerlán*, presentan héroes del conocimiento o de la espada que quisieron ampliar los límites del espíritu humano. El poderío de sus versos, recitados aquellos días en el escenario por grandes actores como Edward Alleyn, despertaron entusiasmo, y de haber vivido más quizá habría sido tan celebrado como luego lo fue Shakespeare. Pero la suerte, esta vez en forma de puñalada, de nuevo benefició a éste...

Al resentido Robert Greene no le faltaba razón en parte de su diatriba contra Shakespeare. Mejor que inventar, Will prefería tomar sus argumentos de otros autores que marcaban tendencia en su momento, aunque mejorándolos decisivamente. Sus primeras piezas son de corte histórico, que es lo que se llevaba, y también comedias como *La fierecilla domada*, *Las alegres comadres de Windsor* o *La comedia de las equivocaciones*. También algo después el lirismo fantástico de *El sueño de una noche de verano*, en que ya es inequívocamente personal su mano maestra. Pero su auténtica gran obra de juventud, escrita a los veintiocho años, es *Romeo y Julieta*, un prodigio trágico de delicadeza lírica que hace palidecer cuanto antes había producido el teatro de su país y de su tiempo. El tema de la fatalidad del amor unido al desconcierto de la juventud en un mundo de antagonismos ciegos queda inmortalizado de modo sublime, definitivo. Tampoco fue Shakespeare muy riguroso en la precisión histórica de sus obras de este género, aunque la calidad del resultado nos haga hoy perdonarle tales infidelidades. Una de sus mejores tragedias, *Ricardo III*, presenta a este tortuoso príncipe como un auténtico monstruo en lo físico y en lo moral, que quizá compensaba con una ambición atroz la joroba que le deformaba. Shakespeare se inspira en una crónica escrita por Tomás Moro, el autor de *Utopía*, pero agrava a placer los rasgos malignos del personaje, para indignación de algunos eruditos actuales

El balcón de
Romeo y Julieta
en Verona...
para turistas.

que insisten en que Ricardo de York no era jorobado, tenía un rostro más bien agraciado y no fue especialmente cruel para lo que se llevaba en la época, sino infortunado en sus asuntos políticos y militares hasta su muerte en combate con poco más de treinta años. Recientemente sus restos han sido encontrados bajo un aparcamiento, identificados mediante las pruebas de ADN (ventajas de la aristocracia, siempre se conoce a los descendientes aunque sean colaterales) y enterrados con la debida pompa en la catedral de Leicester. Pero este desagravio póstumo cinco siglos después no va a ser suficiente para cambiar la imagen que tenemos de él por culpa de Will y su talento. Porque el Ricardo teatral es sin duda un villano, pero a la vez sumamente elocuente en su autoanálisis (como otros malvados célebres del autor), que confiesa haberse convertido «en enemigo de sí mismo» a causa de sus crímenes y de la aciaga fatalidad que le empuja a ellos. Un amor frustrado que se convierte en odio, diálogos tenebrosos propios de una película *gore* y un conocimiento desolado de lo que puede alcanzar el impacto dramático. Cualquier buen actor aspira a lucirse con un personaje así, y parece que el mejor de aquella época, Richard Burbage, no se privó de ello, despertando el entusiasmo popular sobre todo en la última escena, con el hoy célebre «¡Un caballo! ¡Un caballo! ¡Mi reino por un caballo!». Por cierto, un cronista cuenta como verídica esta anécdota que merece serlo: durante una representación de *Ricardo III*, aprovechando un cambio de escena, cierta fogosa dama citó a Richard Burbage en su casa después de la función. Pero Will lo oyó todo y se apresuró a presentarse en la dirección indicada antes que el invitado. Cuando Burbage llegó se los encontró en estrecho coloquio amoroso y no pudo evitar una protesta, a lo que la veleidosa señora contestó: «Lo siento, pero Guillermo el Conquistador tiene preferencia sobre Ricardo III»...

Una violenta epidemia de peste cierra los teatros londinenses e impone un paréntesis en la carrera ascendente de Shakespeare. Lo aprovechará para escribir dos largos poemas narrativos, *Venus y Adonis* y *La violación de Lucrecia*, que dedica a su amigo y ocasional protector Henry Wriothesley, conde de Southampton. Cuando vuelve a los escenarios lo hace con la compañía llamada los Comediantes del Lord Chambelán, que hereda muchos componentes de la antigua los Comediantes de Lord Strange y que se instala en la sala The Theatre, propiedad de James Burbage y situada en Bishopgate, al norte y extramuros de la ciudad. A diferencia de otras compañías cuyos miembros son pagados por un patrón que así les obliga a fidelidad, los Comediantes del Lord Chambelán se organizan en forma de cooperativa: seis actores principales, entre los que están Shakespeare, William Kempe y Richard Burbage, se asocian como accionistas para financiar y repartirse los beneficios de las obras que montan. Sólo tienen que pagar un alquiler a James Burbage por el uso de su sala, y por lo demás son totalmente independientes y gozan de la mayor libertad artística posible en la época. Esta forma de organizarse fue un buen negocio y Will ya no cambiará nunca de compañía, algo bastante raro por entonces. Para reforzar su posición en el grupo no bastaban sus dotes de actor, que al parecer eran mediocres, y se comprometió a escribir dos obras dramáticas por año, lo que cumple casi hasta sus últimos años de actividad teatral. Así, se convierte en el dramaturgo más buscado de su época y también en el de mejores resultados comerciales, algo que, según parece, no le era ni mucho menos indiferente. Está documentado que Shakespeare tenía un indudable afán de riqueza, centrado en invertir en bienes inmobiliarios y en terrenos. No era complaciente con sus vecinos, con los que pleiteaba a menudo, y se mostraba implacable con sus deudores. Sabía rentabilizar económicamente su poesía (el conde de Southamp-

Busto del poeta en una ventana de su casa en Stratford.

ton le pagó mil libras por los poemas que le dedicó) pero sobre todo su actividad teatral, lo que le permitió comprar tierras y casas en su localidad natal, Stratford, de donde veinticinco años antes salió pobre y casi huyendo para regresar convertido en una de las mayores fortunas de la villa. Y, tal como intentó su padre décadas atrás, presentó ante las autoridades la solicitud para ser nombrado gentilhombre y poder ostentar escudo de armas, lo que consiguió «por los buenos y leales servicios a la Corona prestados por sus antepasados». Así, el joven zascandil que se dedicaba a la caza furtiva en las tierras de sir Thomas Lucy se convirtió, gracias al teatro y a su habilidad como negociante, en un gentilhombre londinense al que admiraban y envidiaban sus vecinos provincianos. Por esos mismos años, en España, a otro gran talento literario, Miguel de Cervantes, los asuntos sociales y crematísticos le iban de modo más infausto.

Con todo, la obra más enigmática de Shakespeare y sin duda la más personal —Wordsworth dijo que eran «la llave con la que Shakespeare nos ha abierto su corazón»— quizá sean sus sonetos, más de un centenar escritos sin duda a lo largo de los años, desde su juventud incierta hasta el final de su madurez. Nunca fueron populares como el resto de su producción ni menos aún tuvieron ambiciones comerciales. Exigentes y rigurosos en cuanto a la forma (sin duda los fue puliendo una y otra vez), a veces difíciles de descifrar por su ambigüedad conceptista, aúnan la eterna queja de la pasión amorosa con la reflexión metafísica sobre el paso del tiempo y los desengaños de la vida. Resultan sugestivos como problemas de lógica y a la par conmovedores como declaraciones de furor carnal. Acerca de ellos se han sucedido las hipótesis sensatas o aventuradas, empezando por el intento de aclarar el destinatario de su dedicatoria, el misterioso señor W. H., calificado por el poeta como «el verdadero inspirador de los presentes sonetos». La mayoría se inclina por pensar que esas iniciales son, invertidas, las de Henry Wriothesley, el conde a quien también dedicó sus poemas narrativos. Pero, dado el sesgo apasionado de la amistad que cantan, ¿indican acaso una atracción homosexual por el noble caballero, uno de los jóvenes más brillantes de la corte de la reina Isabel? Y entonces, ¿quién es esa «dama morena» cuyas veleidades y desdenes ocupan dolorosamente muchos de ellos? ¿Una tal señora Davenant, mujer del posadero de la Hostería de la Corona? ¿Su propia esposa, la desatendida Anne Hathaway? ¿O alguna señora de alta alcurnia, inalcanzable socialmente para un simple actor pero no inasequible a su deseo? En cualquier caso, los personajes y los afanes que motivaron esos versos son ya polvo en el polvo desde hace mucho; sólo queda la sombría emoción que expresan, como una música que nos interpela a través de los celajes del tiempo o, según dice truculentamente su mismo autor, como «lágrimas de sirenas destiladas en alambiques más siniestros que el infierno».

En aquel tiempo, el texto de las piezas teatrales nunca estaba del todo acabado, porque constantemente había que añadir un monólogo de última hora y suprimir frases licenciosas o subversivas que atraían las iras de los censores, o anotar algunos chistes improvisados con gracejo por el bufón de turno y que el autor consideraba que no debían olvidarse. Ese texto, frecuentemente retocado, jamás se editaba ni se hacía público de ningún modo que permitiese el plagio. Las compañías teatrales nunca hacían muchas copias de ninguno de ellos, precisamente para evitar su imprudente difusión. Era el único modo de reservarse en exclusiva la posibilidad de representarlos. Como dice un estudioso del autor, François Laroque, «los manuscritos de los autores formaban parte de los fondos de la compañía, lo mismo que los trajes, los decorados y otros accesorios, y hubiera sido mala política venderlos a un editor sin haberlos amortizado previamente». De modo que, como entonces no había grabadoras ni nadie capaz de memorizar cinco actos aunque los oyera más de una vez, los originales estaban a salvo, aunque pudiera popularizarse ocasionalmente una frase pegadiza o un imitador con más o menos talento se atreviese a plagiar algún motivo argumental. Pero con el tiempo, finalmente, las obras que lo merecían eran editadas y pasaban a venderse en las librerías que abundaban en los alrededores de la catedral de San Pablo. El primer volumen infolio que reunió todo el teatro de Shakespeare (salvo *Pericles* y *Los dos nobles primos*) apareció en 1623, siete años después de la muerte del autor (y el año del fallecimiento de su viuda, Anne Hathaway). Lo editaron dos compañeros actores, Robert Heminge y Henry Condell, tanto para honrar su memoria como para luchar contra los editores sin escrúpulos que, conscientes de que su nombre era sinónimo de negocio, le atribuían piezas que no había escrito. Se vendió a una libra esterlina y tuvo una tirada de mil ejemplares, de los que han sido encontrados doscientos, catorce de ellos en perfecto estado.

Cuando rebasa el codo de los treinta y cinco años, Will llega a su madurez creadora. En poco más de un lustro prodigioso, escribe *Julio César, Hamlet, Otelo, El rey Lear* y *Macbeth*, junto con otras obras menores. Toma su base argumental de historiadores como Plutarco, Saxo Gramático y la *Scotorum historiae* de Héctor Boëthius. Pero naturalmente son sólo esbozos, ideas narrativas, que él recrea, amplía, modifica y llena de «ruido y furor» humanos, hasta convertir el débil cañamazo en un análisis despiadado de nuestra condición, de sus miserias y sus grandezas, que por su propia lucidez poética se invierte en visión piadosa de cuanto somos, amamos, odiamos, apetecemos...; de lo que nos hace vivir y de lo que nos mata. No son marionetas ni simples personajes lo que vemos enfrentarse en el escenario sino almas, únicas y reales, contradictorias y obstinadas, que interpelan a la nuestra y que en muchas ocasiones se posesionan de ella. A veces, críticos simplistas pretenden resumir el «mensaje» que ejemplifican con el reduccionismo de un término antonomásico: la ambición, la duda, los celos, etc. Pero esas abreviaturas filisteas resultan risibles

34

cuando lo comparamos con la plenitud de cada obra en sí misma. Resultan tan insatisfactorias como la humorada de lord Chesterfield, quien, al preguntársele tras una representación de *Otelo* qué lección sacaba del drama, repuso: «Que las señoras deben tener cuidado con lo que hacen con sus pañuelos».

Ahora cierro los ojos para ver y escuchar en la memoria el discurso de Marco Antonio junto al cadáver de César, advirtiendo demoledoramente a los romanos de que «Bruto es un hombre honrado»; a Hamlet vacilando entre un más allá vacío y piadoso o poblado de sueños quizá justicieros, entre «la pena y la nada», como diría William Faulkner; al traicionado y engañado Otelo asesinando con un último beso a lo que más amaba en el mundo; a Lear con su hija muerta en brazos, lamentando que un simple ratón o cualquier alimaña tengan vida mientras que su querida Cordelia yacía inerte para siempre; a Macbeth, acosado por brujas y fantasmas, maldiciendo los crímenes que iban a privarle definitivamente del sueño, el dulce compañero de cada noche...

Will Shakespeare era ya la figura más importante del teatro inglés; autor, empresario y ocasionalmente actor, su influencia innovadora se hacía sentir en todos los campos. En una época en que etíopes y africanos eran considerados con supersticioso temor (aunque también con fascinación) como parte de las cohortes infernales, Shakespeare se atreve a convertir a un negro en el protagonista de una de sus tragedias más apasionadas; en tiempos en que los judíos, como tantas otras veces, ay, eran vistos con repulsión y considerados capaces de los peores abusos, Shakespeare (sin dejar de compartir esos prejuicios, probablemente) concede la palabra a uno de ellos para que defienda su plena humanidad y trate de justificar los agravios que comete por los agravios que sufre. Pero las innovaciones que va proponiendo no pertenecen solamente a los argumentos de sus piezas o a la deslumbrante eficacia poética de su lenguaje: él aspira al teatro como espectáculo cada vez más rico y complejo en todos los terrenos, y para eso necesita un espacio nuevo que le permita evolucionar.

De modo que invierte parte de sus cuantiosas ganancias en comprar un nuevo teatro en Blackfriars, una antigua posesión de monjes dominicos, que se encuentra dentro de los muros de la ciudad, bajo

Ludgate, pero que constituye un terreno franco que escapa a la legislación de la City. Allí se podrá permitir un tipo de espectáculo distinto a los de The Globe o las restantes salas. Para empezar se trata de una sala cubierta, de tamaño relativamente reducido y donde no caben más de quinientos espectadores, con localidades a precios bastante altos, de seis peniques a dos chelines, pero con la ventaja de que todas tienen derecho a asiento. Como están bajo techado, puede haber representaciones en cualquier época del año y con cualquier climatología. Además, al estar iluminado el escenario con candelabros y hachones, puede permitirse un mayor realismo en las escenas nocturnas y juegos más sugestivos para los pasajes sobrenaturales. Sobre todo, la música desempeña un papel mucho más importante de lo acostumbrado. La orquesta iba recibiendo a los espectadores con melodías desde al menos una hora antes de la representación, y los entreactos eran amenizados con cantos y danzas. El propio Shakespeare compuso la letra de varias canciones, y algunas de las más populares de entonces han seguido siéndolo hasta la actualidad, como «Greensleeves», que ya se cantaba antes de que naciera Will. En ese nuevo teatro estrena sus últimas obras, cada vez más alejadas del realismo, que juegan con los encuentros y reencuentros casi milagrosos, con lo inverosímil y patético. Shakespeare parece tratar de explorar todas las posibilidades del arte dramático para conmover e impresionar el corazón de espectadores capaces de ir más allá de las divisiones convencionales que separan el teatro de la vida. Y para ello vuelve a utilizar el teatro dentro del teatro, como en *El sueño de una noche de verano* o *Hamlet*. La ficción desborda del escenario, la realidad se hace cuento y magia también fuera de él. En su última gran obra, *La tempestad*, tras ofrecer una representación para celebrar las bodas de Fernando y Miranda, el hechicero Próspero afirma que «estamos hechos de la misma urdimbre que los sueños y nuestra vida está rodeada de un sueño». Es un «a modo de resumen» de toda la espléndida y diversa lección de la obra shakespeariana, que desde luego nuestro Calderón, autor de *La vida es sueño*, no habría desmentido.

Además del nuevo teatro de Blackfriars, selecto y relativamente reducido, Shakespeare seguía siendo accionista de The Globe, mucho más multitudinario. El 29 de junio de 1613, durante una representación de su obra *Enrique VIII*, una bengala festiva cayó sobre el techo de paja de la sala y el teatro ardió completamente. Este desastre aceleró sin duda la retirada de Shakespeare, que dejó el negocio teatral y se volvió a Stratford, a la casa que había comprado en New Place y que era la mejor de la villa. Allí su nombre aún se vio envuelto en un pleito de lindes por unos terrenos de su propiedad y, lo que es peor, su hija Judith, con más de treinta años, decidió casarse con el tabernero Thomas Quiney, cuya mala fama le relacionaba con más de un asunto sórdido, incluso criminal. Este matrimonio disgustó sin duda a Will hasta el punto de afectarle la salud. Para evitar que sus bienes fueran a parar a ese yerno indeseable, se apresuró a hacer un nuevo testamento y dejar la mayoría de sus propiedades a la despierta y bien educada Susanna, añadiendo el extraño legado de «su segundo lecho» a su esposa. ¡Otro enigma para que los estudiosos del dramaturgo se rompan la cabeza tratando de aclarar lo ya insoluble! Después de firmar este documento, Will no llegó a vivir ni siquiera un mes. Se indispuso después de una comilona con sus amigos Ben Jonson y Michael Drayton, en la que abundaron los licores fuertes, y falleció el 23 de abril de 1616, el mismo día en que cumplía cincuenta y dos años. Qué voy a decir, personalmente me alegro de que muriese de una buena juerga y no de tisis o de pulmonía.

Tumba de William Shakespeare en la iglesia Holy Trinity.

Epitafio de William Shakespeare compuesto por él mismo.

Su lápida, en la iglesia de la Santísima Trinidad de Stratford, lleva esta leyenda supuestamente escrita por él mismo:

> Amigo, por el amor de Dios abstente
> de perturbar el polvo que aquí se guarda,
> bendito sea quien respete estas piedras
> y maldito quien toque mis huesos.

El busto poco afortunado que la acompaña, obra del artista flamenco Gheerart Janssen, empuña una pluma de oca y una hoja de papel en blanco, mientras mira fijamente adelante con una cara bastante poco poética, hasta el punto de que se ha dicho que tiene el aire de «un charcutero satisfecho». Lo cual no parece desde luego molestar a los cientos de miles de visitantes anuales de Stratford, que peregrinan con docilidad turística por la villa convertida en parque temático shakespeariano. Pero en realidad su mejor monumento fúnebre lo compuso Ben Jonson, su rival escénico y uno de los amigos que le acompañaron en la última borrachera:

Confieso que tus escritos son tales que ni hombre ni musa pueden alabarlos suficientemente [...] ¡Alma del siglo! ¡Aplauso, delicia, asombro de nuestra escena! [...] Eres un monumento sin tumba y vivirás mientras viva tu libro y haya inteligencias para leerlo y elogios que tributar [...] Que él no es de un siglo, sino de todos los tiempos [...] ¡Dulce cisne del Avon!

LONDRES - WINDSOR
24,9 MILLAS   55'

LONDRES - STRATFORD-UPON-AVON
101 MILLAS   1 H 54'
STRATFORD-UPON-AVON - YORK
150 MILLAS   2 H 40'
YORK - INVERNESS
367 MILLAS   6 H 35'

LONDRES:
LUDGATE
BANKSIDE (THE GLOBE)
BLACKFRIARS
PUENTE DE LONDRES
TEATRO THE COURTAIN

LONDRES - ELSINOR (DINAMARCA)   975 KM
LONDRES - AGINCOURT (FRANCIA)   546 KM
LONDRES - VENECIA   1.142 KM
        1.432 KM
ROMA (JULIO CÉSAR)

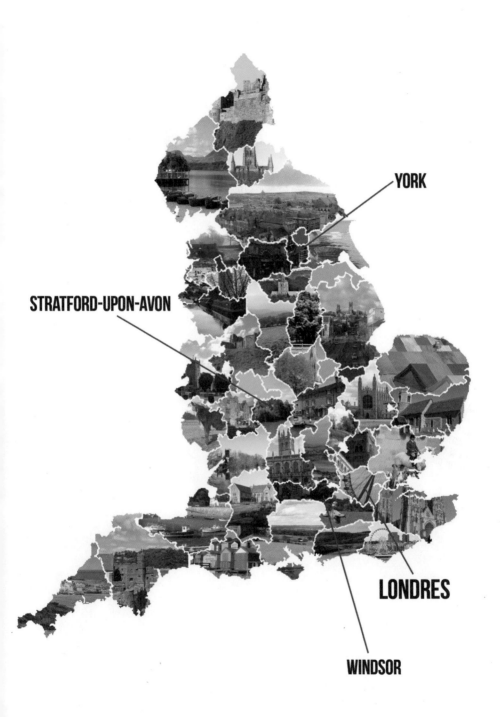

YORK

STRATFORD-UPON-AVON

LONDRES

WINDSOR

Ramón del Valle-Inclán

CABALLEROS, ¡SALUD Y BUENA SUERTE! DA
SUS ÚLTIMAS LUCES MI CANDIL.

HA COLGADO LA MANO DE LA MUERTE
PAPELES EN MI TORRE DE MARFIL.

LE DEJO AL TABERNERO DE LA ESQUINA, PARA ADORNAR SU PUERTA, MI LAUREL. MIS PALMAS AL
BALCÓN DE UNA VECINA; A UNA MÁSCARA LOCA, MI OROPEL.

PARA TI MI CADÁVER, REPORTERO. SI HUMO LAS GLORIAS DE LA VIDA SON, TÚ TE FUMAS MI
GLORIA EN UN VEGUERO Y TE DAS UN BANQUETE EN UN FICÓN.

Y DESPUÉS DE CENARTE MI FIAMBRE, ADOBADO EN RETÓRICA BANAL, HUMEANDO EL PURO,

SATISFECHA EL HAMBRE, TE RIFAS MI MORTAJA EN CARNAVAL.

Y AL TIRAR LA COLILLA, CON EL CHATO A MEDIO CONSUMIR EN EL MANTEL

DIRÁS GUSTANDO DEL BICARBONATO:

TESTAMENTO - RAMÓN DEL VALLE-INCLÁN

La voz inconfundible del fabulador

La luz y la sombra gladiando en el monte;
mítica tragedia de rojas espadas
y alados mancebos sobre el horizonte.

Por una de esas coincidencias que sin duda existen pero en las que sólo creemos a medias (siempre parece que nos piden buscar algo *detrás*), dos de los más grandes escritores españoles de todos los tiempos fueron mancos por culpa de un combate: Miguel de Cervantes quedó lisiado de la mano zurda en la batalla naval de Lepanto, «la más alta ocasión que vieron los siglos» según su propio decir, y Ramón del Valle-Inclán perdió el brazo izquierdo en una riña de café, aunque luego ennobleciese este accidente con mil divertidas glosas legendarias. Más allá de esta fortuita pero no insignificante circunstancia y de compartir un inmenso aunque muy diferente talento literario, las vidas de Cervantes y de Valle-Inclán son opuestas en casi todo lo demás. La del primero estuvo llena de aventuras (exóticas las unas, sórdidas otras) muy reales; la del segundo, de peripecias soñadas o al menos agigantadas por la imaginación que acompañaron un devenir vital más bien rutinario. Ambos fueron casi siempre pobres,

47

Cervantes muy contra su voluntad y a pesar de intentar todo tipo de expedientes —algunos no demasiado honestos— para escapar de las privaciones, Valle-Inclán orgullosamente y rechazando cualquier forma de soborno o patronazgo que pudiese minar su fiera independencia; en general, de la vida de Cervantes sabemos poco y el personaje se nos desdibuja por falta de información, mientras que una frondosa y sobreabundante maleza de anécdotas nos escamotea al auténtico Valle-Inclán.

Fue poeta muy *sui generis* del grupo modernista, narrador de leyendas de raigambre popular, cronista de Indias y también de las guerras carlistas, inventor de un teatro entre épico y grotesco que

El mirador de A Corutiña, en Puebla de Caramiñal, donde encontramos un busto del autor.

aún ocupa la vanguardia en nuestros escenarios, místico y bohemio, quien mejor ha expresado sin clichés doctrinales la espontaneidad anarquista de raíz hispánica. Pero sobre todo fue artífice de una voz tan propia y estilísticamente inconfundible, de una lengua tan sabrosamente galaica, castellana e hispanoamericana, que permanece intraducible; por eso, a pesar de ser uno de los más grandes escritores europeos del siglo XX, permanece semidesconocido para la mayoría de esa Europa culta que, en cambio, celebra con justicia a Eça de Queiroz o D'Annunzio, quienes le inspiraron en parte pero no fueron mayores que él.

En el principio fue Galicia. La Galicia secreta de brumas, serena de rías, brava de mares, verde y primorosa, con ciudades pequeñas de rúas con largos soportales desde los que se ve caer la lluvia inofensiva. Y en los charcos del empedrado refleja la luna su cara de plata... Allí nació en 1866 Ramón José Simón Valle Peña, que con los años firmaría como Valle-Inclán. Nació... ¿dónde exactamente? Desde su origen mismo le rodea la anécdota curiosa o controvertida, la leyenda alentada por él mismo: «Nací un atardecer de otoño a bordo de un gracioso vaporcito. Mi madre hacía la travesía de Villanueva a la Puebla y, en el centro de la ría, sintió los dolores del parto. Al atracar

Casa natal de Valle-Inclán.

en el desembarcadero de la Puebla, ya hacía un buen rato que yo había comenzado a gemir». En realidad, Ramón nace en Villanueva de Arosa, en la casa de sus padres, aunque es cierto que su madre, poco antes del parto, había pasado una temporada de reposo en casa de sus suegros en Puebla de Caramiñal. La familia es de buen linaje, antiguo y noble. Su padre, Ramón Valle Bermúdez, tenía veleidades poéticas y maneras tranquilas de erudito especializado en temas culturales gallegos, una pasión que compartía con su amigo Manuel Murguía, marido de Rosalía de Castro. La madre se llamaba Dolores Peña y Montenegro; este último apellido será el que más enorgullezca luego al escritor, ávido de blasones, que se lo prestará a uno de sus personajes más emblemáticos y borrascosos.

El niño estudia sin demasiado ahínco y aún menos provecho en Villanueva, para después ir a examinarse al instituto en Santiago o Pontevedra. Esos latines le aburren, pero en cambio le encanta soñar viendo pasar las pequeñas embarcaciones que navegan la ría de Arosa. Micaela, la vieja criada de su abuela paterna, le cuenta interminables historias de trasgos, brujas y endemoniados que serán sus verdaderos estudios, los que nunca olvidará. Así como las conversaciones con mendigos o feriantes que van a Cambados, y cuyos tipos y lenguaje popular serán su mejor escuela. Aunque prefiere explorar los viejos pazos y bañarse ocasionalmente en los fríos regatos, Ramón termina a trancas y barrancas sus estudios y obtiene a los diecinueve años el título de bachiller en el instituto de Pontevedra. Ha llegado el momento de orientar profesionalmente su vida y, como solía ocurrir entonces, es su padre quien decide por él. Tendrá que estudiar leyes en la Universidad de Santiago de Compostela. ¡Otro abogado forzoso, ese destino que apesadumbró los años mozos de escritores como Flaubert o Stevenson, aunque pronto supieron zafarse de él, a menudo sin acabar siquiera la odiosa carrera! De momento, el muchacho emprende el breve viaje entre Villanueva y Santiago como quien va a dar la vuelta al mundo. Se lleva en la maleta sus primeras lecturas, las más queridas, libros sobre Galicia, el *Quijote* y un par de libros de Chateaubriand (*Atala, El genio del cristianismo...*). A falta de grandes conocimientos académicos, le acompaña su amor por la música exacta y sugestiva de las palabras, que para siempre será su patrimonio.

Casa donde vivió Valle-Inclán en Pontevedra.

Para el joven Valle, Santiago es una ciudad llena de atractivos. El sabroso callejeo por las rúas, picoteando raciones de pulpo y bebiendo vino de ribeiro hasta altas horas de la noche, la espléndida catedral con su Pórtico de la Gloria abrumador y sus tesoros históricos y estéticos, el claustro románico de Santa María del Sar, el convento de Santa Clara... y las charlas picantes o llenas de erudición bufa con sus compañeros estudiantes, impecunes y vividores, jugadores de lo poco que tienen y burladores de modistillas, entre los que él pronto destaca por su ingenio, por su desparpajo y por sus propios deseos de descollar. Es el mundillo universitario y picaresco que glosará poco después Pérez Lugín en *La casa de la Troya*. Todo le conviene a Valle en Santiago: urbe, compañía, estética, sabores y caricias, todo... menos la facultad de derecho. Las clases (las pocas a las que asiste) se le hacen interminables, haraganea, esquiva los exámenes o los sortea con el mínimo esfuerzo, hasta que finalmente se estrella contra la sólida muralla de la hacienda pública, que se revela infranqueable. Y sencillamente decide dejar los estudios de derecho, un divorcio fundado en la evidente incompatibilidad de caracteres.

De modo que con poco menos de veinticuatro años se marcha a Madrid, con alguna carta de recomendación y la vaga esperanza de abrirse paso en el periodismo, única forma de rentabilizar, aunque fuese precariamente, la vocación que él ya presiente sin equívoco literaria. Porque durante su etapa jacobea de universitario ha leído mucho y ha comenzado a escribir. Descarta casi todas aquellas primeras páginas, salvo una narración titulada «Los caminos de mi tierra» o «A media noche», que publica en *La Ilustración Ibérica* de Barcelona, firmada por Ramón Valle Peña. Un experimento juvenil al que en su momento no da mayor importancia, pero que cuando llega a Madrid regresa a su memoria como para marcarle el camino a seguir. Porque ante todo busca su libertad e independencia: «Cuando se me planteó el problema de tener que escoger una manera de vivir, pensé enseguida: yo tengo que buscar una profesión sin jefe. Y me costaba trabajo. Pensaba en ser militar, y se me aparecían los generales déspotas, dándome órdenes estúpidas. Pensaba en ser cura, y enseguida surgían el obispo y el Papa. Si alguna vez pensé en ser funcionario, la idea del director me preocupaba... Sin jefe sólo existe el escritor». Supongo que más adelante la experiencia de la vida ganada acumulando cuartillas le ayudó a relativizar esta afirmación optimista...

En cualquier caso, la capital no se lo pone fácil. El periodismo del momento está en manos de las diversas facciones políticas y vive de las conspiraciones y contraconspiraciones permanentes. El joven provinciano sabe poco o nada de tales asuntos y sólo puede intentar vender sus apuntes narrativos, firmados por un nombre que él se esfuerza por dignificar con partículas nobiliarias pero que aún nada significa para nadie. Por fin, tras meses de esfuerzos y estrecheces, logra publicar en *El Globo* aquel primer relato que ya apareció en la revista de Barcelona. Sin cobrar, claro, faltaría más. Consigue después, muy parsimoniosamente, colocar en la misma publicación unos cuantos artículos literarios y un par de cuentos más. Nada que parezca prometer un futuro no ya radiante sino de mera supervivencia ni siquiera a unos ojos juvenilmente optimistas. Pero Valle no está dispuesto a dejarse vegetar en las redacciones y cafés madrileños, por prestigiosos que un día le pareciesen vistos desde la provincia lejana. Él quiere más y sabe que merece más. ¿Qué es lo que puede hacer un gallego si le falla la subsistencia en su propio país? Irse a América, por supuesto. El joven Ramón tiene parientes en Veracruz, México, que ya optaron por ese camino hace tiempo. De modo que busca el modo más económico para cruzar el gran charco, se va a Francia y allí, en El Havre, se embarca para su aventura de ultramar.

Valle viaja hacia México en un transatlántico francés que se llama precisamente *Havre*, una travesía cuyo carácter improvisado y azaroso hubiera bastado para contentar las ansias novelescas de cualquiera. Pero no las suyas, y enseguida embellece su partida con todo tipo de ornamentos fantasiosos: se marcha a las Américas como remate de unos amores desdichados, en una fragata llamada *La Dalila* que naufraga en las costas de Yucatán, pero no antes de que el joven aventurero haya asesinado en el trayecto atlántico a un tal sir Roberto Yones en una venganza «digna de Benvenuto Cellini» y resuelva las sospechas del capellán del barco por el crimen confesándose con él, para que el secreto sacramental le impida denunciarle. Pero lo cierto es que durante la travesía —la del *Havre*, no la de *La Dalila*— Valle traba amistad con un asturiano emigrado al Nuevo Mundo, un hombre de posibles que es dueño de un periódico en Veracruz. Cuando lleguen a puerto, ése va a ser su primer contacto para empezar a publicar. El impacto del país azteca sobre el apenas escritor es tremendo: el sol abrasador, el calor insólito, la luz cegadora, el intenso colorido, los nuevos sabores de agresivo picante... y las palabras nuevas, los giros y modismos que también le queman, como el sol y el chile. Valle dijo luego que se fue a México porque se escribía con «x», pero pronto tuvo muchas más razones para sentirse fascinado por el lugar.

El país vivía bajo la autoridad férrea de don Porfirio Díaz, cuyos procedimientos dictatoriales marcaron con su ferocidad expeditiva la imaginación de Valle y reaparecen décadas después en su novela *Tirano Banderas*. Valle comienza escribiendo en *El Veracruzano Independiente*, el diario del asturiano que conoció en el barco, pero después es reclamado por *El Universal*, uno de los periódicos más importantes de la capital. Comienza traduciendo textos franceses e italianos, aunque sus conocimientos de esas lenguas son sólo aproximados. Pero pronto comienza a publicar cuentos, empezando por aquel «A media noche» o «Los caminos de mi tierra» que ya ha publicado en España un par de veces. Después serán narraciones inspiradas por su experiencia mexicana, como ésa de «La niña Chole» en la que aparece un personaje sensual y hechicero que más tarde se apoderará de la imaginación del lector en una de las *Sonatas*. Además, en *El Universal* populariza una sección titulada «Cartas galicianas» en la que brinda crónicas hispánicas, comentarios a la obra de Galdós, impresiones de viaje ligeras e ingeniosas, etc. Según parece, es en alguna de esas colaboraciones donde firma por primera vez «Valle-Inclán».

Pero México ofrece a Valle mucho más que unos medios de prensa en los que publicar sus primeras páginas. Esa tierra le fascina y viaja por el país, trata a sus gentes, cuanto más populares mejor (aunque sin olvidar la languidez aristocrática de las señoritas de buena familia), y conoce a algunos fieros caudillos locales, muy a su gusto peleón y exagerado. Por ejemplo destacado, Sóstenes Rocha, «un hombre con cara de león, que bebía aguardiente con pólvora, y que salía a caballo por las calles en cuanto había mitote...». Será ese Sóstenes Rocha, en tardes de cantinas en que se bebía el abrasivo sotol, quien le contará a Valle todo lo que debe saber sobre las entrañas de México, sus comidas inconfundibles e inolvidables (como lo será luego la apetitosa voz literaria de Valle-Inclán), sus leyendas cantadas en forma de corrido, sus tramas amorosas casi siempre trágicas... El filibustero de faz leonina será el informador de Valle para todo lo que no le han narrado las caricias perfumadas y morenas de la niña Chole...

A pesar de que en el país azteca Valle —que allí comienza a ser Valle-Inclán— encuentra medios acogedores que le publican y un mundo social arrebatado que le seduce, la tentadora pereza «de aquella atmósfera de fuego, cargada de pólenes misteriosos y fecundos, como si fuese el serrallo del Universo», siente la nostalgia de su tierra natal, que se hace cada vez más honda en el escritor. Le urge regresar con toda la experiencia vital y literaria ganada en México, para aprovechar ese capital entre los suyos. Desea convertirse plenamente en escritor, no en ocasional gacetillero, y para ello debe publicar su primer libro, cuyo material ya tiene prácticamente dispuesto tras su peripecia de ultramar. De modo que, aproximadamente un año después de su partida, inicia un demorado regreso que le entretendrá una breve temporada en Cuba, hasta finalmente arribar a España. Y se instala con el íntimo deleite de un redescubrimiento en su Galicia natal, en la amable Pontevedra, donde era grato vivir, conversar, leer y planear juvenilmente un destino literario.

Valle-Inclán pasea por la alameda de Pontevedra su aire largo y afilado, que por esos primeros días de regreso se dota de algunos aspectos que van a ser de entonces en adelante característicos: la barba y la melena que, como su renombre, irán a partir de ese momento creciendo más y más. Como a fin de cuentas, aunque culta, Pontevedra es una ciudad provinciana, su aspecto no deja de escandalizar un tanto. Hay un barbero en la calle Michelena que cuando le ve pasar sale a la puerta de su establecimiento, haciendo sonar significativamente las tijeras; los bromistas le mandan a casa de vez en cuando a un peluquero engañado, al que despide con cajas destempladas: «¡Yo me cortaré el pelo el día que a vosotros os sierren los cuernos!».

Asiste a una tertulia, una de las primeras de su vida, en la que tantas habrá, en la rebotica de una céntrica farmacia (hoy todavía puede visitarse). Entre profesores de instituto, algún periodista y curiosos intelectuales, Valle-Inclán será «ese joven escritor que ha llegado de América». El animador de la tertulia es el latinista don Jesús Muruais, de una distinguida familia local, que cuenta con una excelente biblioteca con obras de los mejores escritores europeos del momento, amén de los clásicos. Valle-Inclán la visitará asiduamente y aumentará con avidez su horario de lecturas. En ella encontrará sus primeros grandes mentores literarios. Por encima de todos Gabriele D'Annunzio, que encarnará para el joven el ideal estético de la entrega a las letras (son casi de la misma edad; el italiano es tres años mayor, pero sobrevivirá dos a Valle). También Barbey d'Aurevilly, sin olvidar a Victor Hugo. Y un poeta y ensayista francés ahora bastante olvidado, René Ghil, que refuerza su aprecio por la musicalidad del lenguaje y el refinamiento aristocrático hasta el rebuscamiento en la expresión. Fuera de Francia, pero siempre dentro del gusto «a la francesa», le encandila el gran novelista portugués Eça de Queiroz. Y desde la América del norte le llega Edgar A. Poe, aunque sea filtrado a través de Baudelaire. Con esos mimbres diversos pero unidos por una misma vocación preciosista, refinada y decididamente contraria a cualquier naturalismo vulgar, va moldeando Valle-Inclán su personalidad literaria, o al menos la primera etapa de ella.

Ramón escribe por las mañanas, en la cama, hasta la hora de almorzar. Y lo hace de manera constante, acumulando cuartillas y cuartillas que a veces se le desparraman un poco por la colcha, como la barba indómita. Un día decide que ha llegado el momento de la cosecha y reúne seis relatos —tres completamente nuevos y otros tantos retocados y pulidos del material traído de México— con los que se presenta a Muruais. Deciden que ahí tienen un libro de cuentos, el anhelado primer libro. Todas esas narraciones están protagonizadas por mujeres, de modo que el título está cantado: *Femeninas*. Entre ellas destaca «La niña Chole», ya muy tierna y sensualmente definida pero que luego se agigantará en las *Sonatas*. Y un personaje destinado a mayores protagonismos futuros en su obra, don Juan Manuel Montenegro. Manuel Murguía, el marido de Rosalía y amigo de la familia, se ofrece a escribirle un sentido prólogo en el que evoca al padre entonces ya fallecido y consagra al escritor novel como orgullo de su patria gallega. Sin duda cumplirá ese destino Valle-Inclán, pero con una patria más ancha y vasta, que desborda las fronteras.

Pontevedra, la grata pero algo adormecida Pontevedra, se le queda estrecha a Valle-Inclán. Siente que ha llegado la hora de dar el salto a la capital. En Madrid inicia el tipo de vida y conoce a la gente que configurarán su existencia con pocas alteraciones a partir de entonces. Como base, las tertulias de café que a finales del siglo XIX y comienzos del XX eran el vórtice social de los intelectuales que vivían o pasaban por Madrid. Allí se discutía de estética o de política, se anunciaban las obras venideras (que a veces nunca llegaban) y se criticaban rigurosamente las publicadas. Cada personaje de aquel mundillo tenía su tertulia (o varias, porque había tertulianos ocasionalmente trashumantes, como el propio Valle) y cada tertulia tenía el líder que centraba la reunión y estimulaba los debates. Valle-Inclán se hace especialmente asiduo del café Madrid, en la calle de Alcalá. Y allí sienta los reales de su ingenio ceceante, a veces agresivo, pero que deslumbra por su vivacidad, por su rigor artístico y por los relatos de exóticas aventuras americanas en los que había tanto de imaginación como de realidad... o quizá un poco más de imaginación. Conoce a sus primeros amigos, algunos de los cuales lo serán ya para siempre: Camilo Bargiela, Paco Sancha, Antonio Palomero, Manuel Bueno, Jacinto Benavente...

Aunque no tiene propiamente vocación de bohemio (no es bebedor, ni sablista, ni sueña sus obras en lugar de escribirlas), Valle-Inclán se ve obligado a vivir de modo aleatorio porque su escasez de medios —quince duros mensuales que le llegan de Galicia, y no siempre— le obliga a pasar por estrecheces y hasta por la más abierta penuria. Para salir de ella, su amigo Manuel Bueno trata de convencerle de que debe dedicarse de verdad al periodismo y él responde, altanero pero convencido: «La prensa avillana el estilo y empequeñece todo ideal estético». Cuando algún conocido con fondos trata de invitarle a tomar algo, lo rechaza pundonoroso: «Gracias..., ya he cenado». Se preocupa, entre la angustia y la indignación, por la decadencia de España, el hundimiento de los restos coloniales y la indiferencia de una población entretenida con frivolidades y declamaciones patrioteras pero incapaz de afrontar en serio las vías de la regeneración. Comparte estas preocupaciones con los que luego Azorín nombrará «la generación del 98», que incluye, además de a él y al propio Azorín, a Ramiro de Maeztu, Unamuno y Pío Baroja. Empieza a crecer la urdimbre grotesca y fantástica de sus anécdotas —semejante a la que en su día agobió a Quevedo—, que al final de su vida se habrá convertido para algunos en una rentable industria.

Las filias y las fobias son siempre inapelables en el joven escritor. Aunque su estética dramática está en las antípodas tanto del entonces triunfante Echegaray como de quien le sustituirá en el éxito, Benavente, con el primero se lleva a matar, pero siempre mantendrá una concordia cómplice con el segundo. Con Pío Baroja nunca se entenderá, aunque tampoco llegarán a chocar frontalmente; en cambio, cuando cierto día don Pío le presenta a Unamuno en la Carrera de San Jerónimo, a los pocos pasos ya han regañado y se insultan a gritos en plena calle. Los dos intemperantes, don Miguel y don Ramón, siempre demasiado dispuestos a enarbolar «el pendón de su yo» (como dijo Ortega), encuentran en cambio un glosador elogioso y desinteresado en el gran poeta nicaragüense Rubén Darío, el «indio» Rubén sobre cuyas «plumas» se hacían unos chascarrillos tan dudosos que nos reconcilian en parte con la actual y a veces justamente denostada «corrección política». Rubén Darío fue un gran amigo y un sincero admirador de Valle-Inclán —quien, a diferencia de Unamuno, le devolvía con creces esa admiración—, y cinceló en verso el retrato imborrable del «Don Ramón de las barbas de chivo», que seguimos considerando ejemplar.

Aunque ya había publicado su segundo libro, *Epitalamio*, también una delicada semblanza femenina, Valle-Inclán seguía sin lograr salir de un círculo muy reducido de lectores. Es casi más conocido por los escándalos que monta en los estrenos teatrales que no le gustan —la mayoría—, y que a veces le hacen acabar en comisaría, que por sus escritos. Como sigue desdeñando el periodismo y sólo publica ocasionalmente pequeños cuentos en las revistas que se los admiten, se le ocurre la posibilidad de emprender la carrera de actor. Su amigo Benavente le escribe un papelito a su medida en *La comida de las fieras*. La forma de interpretar de Valle es elogiada por algunos pero ridiculizada por otros. Aunque insiste de vez en cuando, pronto resulta claro incluso para él mismo que no ha nacido para el escenario..., al menos como actor. Por entonces traba amistad con un poeta andaluz de gran presencia física y destino triste que es el más acabado y noble exponente de la bohemia, Alejandro Sawa. Ambos deambulan por la noche madrileña, participando en las discusiones que a favor y en contra del modernismo —que ellos profesan— hacen arder las tertulias. A Sawa le entusiasmó una novela de Alphonse Daudet, *Los reyes en el destierro*. Por indicación de Valle, que ve en ella más valores dramáticos que narrativos, la adapta para las tablas. En el reparto, Valle-Inclán se ha reservado un papel, pero la obra fracasa sin remedio y allí acaba la carrera de actor de don Ramón. También él ha reescrito para el teatro uno de sus relatos de *Femeninas*, que titula *Cenizas*. Es su primer y bastante deficiente intento en la literatura dramática, que no convence realmente a nadie salvo al fraternal Alejandro Sawa. ¡Pobre Sawa, talento esterilizado por la miseria y el abandono, que acabará ciego y medio loco! Y al que, sin embargo, le

Al Cumplirse 100 años de la singular contienda
en la que perdió su brazo izquierdo, a

VALLE-INCLÁN

En este lugar de Madrid, bajo el primer gran hotel de la capital, el París,
estuvo el Café de la Montaña, donde el hidalgo y escritor gallego cayó mutilado;
un campo de batalla que luego sería inmortalizado, en su sin par "Luces de Bohemia,"
como Café Colón, foro en el que Rubén Darío fue honrado por Max Estrella y su
escudero Don Latino, sin pensar en el mañana...

En "La Noche de Max Estrella" de

1999

EL CIRCULO DE BELLAS ARTES

Placa en la Puerta del Sol de Madrid, donde estuvo el café de la Montaña, lugar en que Valle perdió el brazo. Hoy es un Apple Store.

está póstumamente reservada la gloria, porque bajo el nombre de Max Estrella protagonizará *Luces de bohemia*, el esperpento de Valle-Inclán que se alza como una de las cimas de la creación literaria del siglo XX en castellano... o en cualquier lengua.

Como queda dicho, Valle-Inclán se ve mezclado frecuentemente en polémicas, escándalos y trifulcas que no siempre acaban pacíficamente. En la época los duelos no son infrecuentes y suelen rodearse de discusiones bizantinas sobre sus exigencias rituales, de las que don Ramón se precia de ser buen conocedor. En uno de esos debates en el café de la Montaña, cerca de la Puerta del Sol (hoy ocupa el solar una Apple Store, imagínense), Valle-Inclán se enfrenta con su amigo Manuel Bueno, al que llama «majadero». El insultado le amenaza con su bastón, don Ramón alza el brazo izquierdo para protegerse y el golpe le alcanza en la muñeca, con la mala suerte de que le clava el gemelo de la camisa en la carne. La herida parece insignificante, pero un par de días más tarde se ha gangrenado y hay que cortar el brazo. El herido soporta la amputación con total estoicismo, fumándose un veguero, y sólo al disiparse la anestesia comentará: «¡Cómo me duele este brazo!», a lo que su amigo Benavente observará: «No, Ramón, ése ya no». Después la leyenda y el propio Valle inventarán mil historias sobre la pérdida del brazo, que Ramón Gó-

mez de la Serna recoge y amplía en su biografía del autor: que se lo
cortó para echarlo al puchero y dar gusto a un caldo un día en que se
habían acabado las provisiones, o que se lo cortó y lo arrojó a un león
para salvar su vida en una peripecia africana, etc. Lo más reseñable
es que a raíz de ese incidente no rompió su amistad con Manuel Bueno, que siguió siendo su fiel compañero de charlas y correrías.

El brazo perdido de Valle-Inclán se convierte en preocupación
y afán de sus amigos. Como en su nada envidiable situación económica no puede comprarse un miembro ortopédico, deciden organi-
zar un espectáculo teatral para recaudar fondos. La pieza elegida es
Cenizas, del propio interesado, y se representa en el teatro Lara, con
actores profesionales y otros aficionados, pero de lustre, como Jacinto Benavente y Gregorio Martínez Sierra. En esa misma jornada
sale a escena una actriz jovencita llamada Josefina Blanco, destinada
más tarde a ocupar un importante lugar en la vida del escritor. Se
recauda el dinero suficiente para el miembro ortopédico, que Valle
manejará con desigual fortuna y al que finalmente renunciará, pre-
firiendo llevar en bandolera la manga vacía de la chaqueta y arre-
glárselas con la mano que le queda. El caso es que, a sus treinta y dos
años de edad, Ramón sigue con los mayores agobios crematísticos
y ahora, además, manco. Decide que «la literatura es un morir lento y
descabellado: ¡hay que enriquecerse!». Entonces intenta algún que
otro negocio —la minería, por ejemplo, en Almadén— que resulta
más descabellado e igualmente improductivo. Hay que volver a la
prensa, guste más o menos. Un protector le presenta a Ortega y
Munilla, director de *El Imparcial*, que le abre las páginas de *Los Lunes
de El Imparcial*, la tribuna más cotizada del momento. Y allí comienza a publicar entregas de una novela en la que vuelve como protagonista el marqués de Bradomín, ese émulo de don Juan o Casanova
pero «feo, católico y sentimental». Será *Sonata de otoño*, que junto
con las otras tres sonatas constituirá el más alto logro de la narración
modernista en nuestra lengua, musical y erótica cuando sabe.

Valle-Inclán está ahora lanzado en su camino literario. Se suceden
las *Sonatas*, *Corte de amor*, los cuentos de *Jardín umbrío* y uno de sus libros más singulares, *Flor de santidad*, delicado y áspero, perfumado y
provocador, como uno de esos aguardientes inspiradores de su tierra

Monumento a Valle-Inclán rodeado por sus personajes más célebres en Villanueva de Arosa.

galaica. Continúa su colaboración cada vez más asidua en *Los Lunes de El Imparcial* y siguen acumulándose las anécdotas sobre él. Muchas son creíbles pero falsas —le atribuyen rasgos de ingenio o salidas de tono de otros—, pero algunas son verdaderas aunque casi increíbles, como aquella en que logra casar a una cabaretera mona, Anita Delgado, nada menos que con el maharajá de Kapurtala. También interviene en —o encabeza— algunas de las polémicas literarias del momento: como se prepara un homenaje nacional a don José Echegaray, que acaba de ganar el Premio Nobel, organiza un manifiesto donde en pocas líneas queda establecido que los firmantes tienen otros ideales artísticos y admiraciones muy distintas. Y los firmantes, además de Valle-Inclán, son Azorín, Pío Baroja, Rubén Darío, Ramiro de Maeztu, Francisco Villaespesa, Manuel Machado, Miguel de Unamuno, Enrique Díez Canedo... Caramba, pobre Echegaray, se le puso en contra toda la generación del 98... y parte de la siguiente.

Cada vez más a gusto en el mundillo teatral, Valle-Inclán frecuenta la tertulia que tienen en un saloncito del teatro Español doña María Guerrero y Fernando Díaz de Mendoza. Lo que ve sobre los escenarios le gusta poco o nada (aunque nunca se lo vaya a decir con claridad a su amigo Benavente) porque ya le da vueltas en el magín a un teatro muy distinto, tanto en su temática como sobre todo en el lenguaje. Mientras concreta sus intuiciones en algo más definido y representable, realiza con Manuel Bueno una adaptación al gusto del momento de *Fuenteovejuna*, que tiene cierto éxito. Amplía sus visitas a las tertulias teatrales, los ensayos y los estrenos. Sobre todo, se convierte en un asiduo del teatro de la Princesa, donde puede ver actuar noche tras noche a la joven actriz Josefina Blanco, a la que había conocido en la representación de *Cenizas*. Su interés no es solamente artístico: Josefina interviene en la representación de *El marqués de Bradomín*, un recuelo exaltadamente modernista de las *Sonatas* para ser llevado al escenario. El estreno no es inolvidable en lo teatral, pero sí en lo íntimo, porque Valle-Inclán aprovecha para pedir en matrimonio a Josefina, que no se hace de rogar. Los recién casados se van a vivir a la calle de Santa Engracia. Para don Ramón comienza un período de menos tertulias y poca farándula, pero mayor productividad. La vida conyugal presenta de inmediato ventajas laborales... Comienza a escribir teatro, *su* teatro. La primera pieza de estas «comedias bárbaras» será *Águila de blasón*, truculenta y feroz, cuyo protagonista es aquel don Juan Manuel Montenegro de las *Sonatas*, violento y apasionado hasta el crimen. Después vendrá *Romance de lobos*, y años después se cerrará la trilogía con *Cara de plata*. Unos dramas que no se parecen a nada anterior, que provocan y desconciertan. Quienes acusaban a Valle de ser un modernista de lánguidas princesas y jardines floridos cruzados por riachuelos cantarines deberán revisar sus críticas ante estas escenas tremendistas y atroces, donde bullen personajes lisiados, mendicantes y alucinados, capaces de hacer y decir las más contundentes procacidades. Como si adivinase que sus dramas serán más leídos que representados, Valle-Inclán los acompaña de unas acotaciones escénicas de tal calidad literaria que a veces justifican por sí mismas la lectura de la pieza.

Además de teatro, se lanza a un nuevo ciclo novelesco, esta vez ambientado en la guerra carlista. *Los cruzados de la causa*, *El resplandor de la hoguera* y *Gerifaltes de antaño* ofrecen una visión de esas contiendas civiles de mayor interés narrativo que histórico, aunque algunas figuras reales, como el cura Santa Cruz, sean dibujadas de modo verosímil y certero. Pero el carlismo de Valle-Inclán es de corte más bien estético, parecido a las simpatías sudistas que encontramos en las novelas de William Faulkner. La trilogía novelesca despierta interés en los lectores y encumbra a su autor, que empieza a ser reverenciado incluso por quienes no frecuentan sus páginas (en ello consiste precisamente la gloria para un escritor). Movido por una energía que parece haber roto al fin todas sus inhibiciones, estrena otras piezas más ligeras de corte modernista, una de ellas realmente excelente en el género picaresco (*La cabeza del dragón*) y otra que gusta a la crítica más que al público, *Cuento de abril*. Además aparece *Aromas de leyenda*, su primer libro de versos; que no de poesía, porque, vamos a ver..., ¿qué no es poesía en lo que escribe Valle-Inclán?

Desde que se casaron, Josefina Blanco no ha vuelto a subir a un escenario. Pero entonces vuelve a sentir la llamada de las tablas y se incorpora a la compañía de García Ortega. Lo malo es que el empresario quiere hacer una gira por Hispanoamérica. Valle no está dispuesto a dejar sola a su mujer y se apunta a la *tournée*. Como suele ocurrirle, pronto regaña con García Ortega y, al llegar a Buenos Aires, convence a su mujer para que se pase a la compañía de María Guerrero y Díaz de Mendoza. Por lo demás, las ciudades del Cono Sur no le gustan tanto —ni le son tan propicias— como la Tierra Caliente de México y Cuba. De modo que seis meses después vuelve con cierto alivio a la madre patria, donde acompaña en la gira por provincias a la compañía de María Guerrero, en la que trabaja Josefina. Cuando pasa por tierras de tradición carlista, los prebostes de esa secta política le ofrecen banquetes de homenaje y él se deja agasajar... Por entonces —1912— estrena en el teatro de la Princesa su pieza de más abierta exaltación tradicionalista, *Voces de gesta*, que es también su primer éxito teatral inequívoco. A pesar de las disputas dinásticas, al estreno asiste el rey Alfonso XIII, que felicita al autor con campechanía borbónica.

Siguen los altibajos de su trayectoria escénica. *La marquesa Rosalinda*, amable y graciosa, es bien acogida, pero en cambio su tragedia *El embrujado*, mucho más desabrida, no encuentra teatro que la represente. Especialmente le ofende a don Ramón el rechazo del teatro Español, cuyo director artístico es Pérez Galdós. Probablemente ese rechazo le gana el epíteto de don Benito el Garbancero con que será adornado en *Luces de bohemia*. Sus compañeros de tertulia son ahora Pérez de Ayala, el escultor Sebastián Miranda y el pintor Julio

Romero de Torres, con quienes suele cenar en el café Gijón (hoy afortunadamente todavía vivo y activo en el paseo de la Castellana). Otro de los ocasionales contertulios es el torero Juan Belmonte, a quien Valle aprecia mucho y que a cambio le rinde una admiración casi mística. Es famoso lo que el escritor, llevado por el entusiasmo ante una faena asombrosa, le dijo en cierta ocasión: «Ya no te falta para la gloria más que un toro que te mate en la plaza». Y Belmonte contestó, sumiso: «Se hará lo que se pueda, don Ramón».

De la fama que por entonces ya ha logrado Valle-Inclán da buena muestra que una editorial, la Sociedad General de Librería, le ofrece publicar sus obras completas, adornadas al gusto modernista. Y así comienzan a aparecer todos sus títulos, en ediciones cuidadas y bonitas, lo cual no le da gran provecho económico pero sí una lógica satisfacción. Un poco harto de las trifulcas y rebotes de Madrid, regresa con frecuencia a Galicia: a Fefiñanes, cuna del más excelente albariño, o a Cambados, donde comparte una alegre tertulia con los que se autoproclaman el Club de la Tijera. Pero es precisamente allí, en su tierra tan querida, donde va a sucederle su mayor tragedia. Cierta mañana de otoño, en la que corren aires fríos que anuncian el invierno, los hijos de Valle-Inclán juegan en la playa de Pombal, en

Museo Valle Inclán en Puebla de Caramiñal.

Fefiñanes. La niñera cuida de Joaquín, el más pequeño, que aún no ha cumplido un año. De repente el viento abre la puerta de una de las cabinas de la playa y golpea en la cabeza al niño, que muere a las pocas horas. Es la única ocasión en que Ramón echa de menos su brazo perdido, para poder abrazar el cuerpecito de su hijo muerto.

Estalla la primera Gran Guerra y los intelectuales españoles, a pesar de la neutralidad del país o precisamente gracias a ella, dividen apasionadamente sus simpatías entre los contendientes. La mayoría de los noventayochistas, como Unamuno, Azorín, Machado, Maeztu y el propio Valle-Inclán, se decantan por el lado aliadófilo. A algunos les sorprende la opción de Valle, porque se han tomado demasiado en serio su tradicionalismo estetizante y olvidan que toda su formación literaria es francesa. Los germanófilos sólo reclutan para su causa a Pío Baroja y Jacinto Benavente. Invitan a Valle a viajar al frente de Francia como cronista de guerra, papel que cumplirá a su modo y del que dará cuenta en *La media noche*, aunque desde luego no logra alcanzar el nivel sublime que se propuso. «Yo, torpe y vano de mí, quise ser centro y tener de la guerra una visión astral, fuera de geometría y de cronología, como si el alma, desencarnada ya, mirase a la tierra desde su estrella.» Pero el encargo le permitirá por lo menos darse buenos paseos por París en compañía de su traductor, Jacques Chaumié, y buscar por Montparnasse o Montmartre la sombra de Verlaine y demás maestros galos que tanto le inspiraron...

Mientras en los campos cenagosos y sanguinolentos de Europa ruge la contienda, muere en Nicaragua el alto poeta Rubén Darío, sensual y generoso, un colega tan admirado como querido por Valle-Inclán, que encabeza su homenaje en España. Publica entonces *La lámpara maravillosa*, su mayor esfuerzo en el terreno del ensayo, una exposición envuelta en brumas místicas de su concepción estética y de su culto a la armonía musical de la palabra literaria, capaz no ya de representar el perfil del espíritu sino de animarlo con giros enriquecedores. Es una obra que quizá no se pueda entender del todo sin conocer previamente a Valle, aunque lo cierto es que nadie puede entender del todo a Valle sin ella... De hecho, poco después el Ministerio de Instrucción Pública crea en la Escuela de Bellas Artes una cátedra de estética para él. Valle-Inclán la acepta con alivio porque atraviesa por otro de sus casi permanentes baches económicos, tras el fracaso de una aventura como agricultor que inició en Galicia y que, en lugar de ser una fuente de ingresos, se ha revelado —a pesar de los esfuerzos animosos de Josefina Blanco por enderezar el ruinoso empeño— una carga que sorbe sus escasos recursos. El profesor Valle-Inclán pisa poco la escuela y prefiere dar sus clases magistrales —¡quién hubiera podido oírlas de su propia voz chillona y ceceante!— en el Museo del Prado. Pero sólo dura en este nuevo oficio académico unos pocos meses, tan escasos que cuando por fin le pagan —tras los consabidos retrasos burocráticos— ya ha dejado de dar clases...

Entre dificultades y berrinches, agobiado por su propio carácter pero también por el momento en que vive («si me ha fallado la época, ¡qué le voy a hacer!»), don Ramón llega pese a todo y contra tantas cosas a su momento de plenitud artística. Aparece *La pipa de Kif*, su libro de versos más personal y colorista:

> El patíbulo destaca
> trágico, nocturno y gris;
> la ronda de la petaca
> sigue a la ronda de anís.
> Pica tabaco la faca,
> y el patíbulo destaca
> sobre el alba flor de lis.

Entonces inventa también el *esperpento*, una estilización del realismo reflejado en los espejos deformantes del callejón del Gato, un género que se inicia con la que debe ser su cumbre, *Luces de bohemia*. Este drama escénico no sólo es una renovación del teatro español (mucho más honda y revolucionaria que la que había intentado con domesticada ligereza Benavente), sino un retrato de grandeza casi shakespeariana de la desolación creadora del escritor sin ambiciones económicas pero armado de rigor estético en un ambiente mediocre de pícaros, burócratas, mendicantes aprovechados y tristeza carnal. Servida por un lenguaje sobrio y sabroso, de enorme eficacia

Los famosos espejos del callejón del Gato. Metáfora del esperpento.

poética sin énfasis declamatorio, apoyado por acotaciones escénicas que a veces prefiguran el surrealismo («el grillo del teléfono se orina por todo el regazo amplio de la burocracia»), *Luces de bohemia* retrata con acierto igual lo perenne del destino personal y lo fugaz de la coyuntura histórica colectiva.

Continúa el esperpento del teatro a la novela, en el ciclo *Farsa y licencia de la reina castiza*, sátira inmisericorde y muy divertida del reinado de Isabel II y, de paso, del mundo político y social de la España del xix. Un gran guiñol con personajes caricaturizados pero sobradamente reconocidos y que incluso se estereotipan en réplicas de épocas posteriores. Y llega para Valle-Inclán la posibilidad de recobrar parte de su pasado: el presidente mexicano Obregón quiere celebrar dignamente las fechas conmemorativas de la independencia del país y por medio de quien entonces era su embajador en Madrid, Alfonso Reyes, estupendo escritor y amigo del gallego genial, le invita a volver al país azteca que visitó en su mocedad. El regreso de Valle a México es muy distinto a su primer viaje: ya no va a encontrarse con una dictadura tropical sino con un gobernante abierto y razonablemente ilustrado, no es un desconocido sino un escritor ilustre y que ha escrito sobre el país americano (y que ha creado un icono propio, la niña Chole), y ahora no hablará sobre Galdós o Cervantes sino sobre su propia obra. En la universidad disertará sobre las *Sonatas* y en el palacio de Chapultepec recitará un brindis que será recordado largo tiempo. Le nombran presidente de la Federación Internacional de Intelectuales Latinoamericanos. Despedido por multitud de lectores antiguos y nuevos, regresará a España pasando por Nueva York, donde un diario importante publicará un artículo extenso y laudatorio sobre él. No olvida tampoco hacer una parada en La Habana... como la primera vez que cruzó el charco.

El efecto literario más importante de este reencuentro es que poco después se pondrá a escribir la que quizá sea su mejor novela y, desde luego, una de las obras maestras de nuestra literatura, *Tirano Banderas*. La crónica de este dictador de Tierra Caliente es una disección del apasionamiento por el poder y la fuerza que lo demuestra, sensible sin duda a los mecanismos sociales en que se encuadra pero también con agudos y precisos retratos personales de los protagonistas de esa danza mortal. Sobre todo, inaugura un género de la literatura latinoamericana, la semblanza del autócrata, en la que le seguirán, entre otros, *El Señor Presidente*, de Miguel Ángel Asturias, *Yo, el Supremo*, de Roa Bastos, *El otoño del patriarca*, de García Márquez, *La fiesta del chivo*, de Vargas Llosa... y en la que no le superará ninguno.

A su vuelta a Madrid, es elegido presidente del Ateneo, en cuya Cacharrería ha pasado tantas horas de charlas y debates. Pero se encuentra con su propia dictadura local, la de Primo de Rivera, mucho menos cruel que las descritas en Tierra Caliente pero no menos autoritaria y caprichosa. A pesar de que algunos le han considerado en ciertas épocas un escapista estetizante, Valle-Inclán comparte con los demás miembros de la generación del 98 la preocupación política y social por España. Y su vocación de intervención en la esfera pública. Su pensamiento político se ha ido radicalizando y ahora se enfrenta al dictador casi como si fuese un asunto personal. Apoya con una carta feroz a Unamuno, exiliado a Fuerteventura. Primo de Rivera intenta quitar hierro al asunto llamándole «eximio escritor y extravagante ciudadano», lo cual no deja de tener parte de razón. Pero cuando publica su esperpento *La hija del capitán*, considerado evidentemente injurioso para el gobierno, la policía retira la edición.

La Cacharrería
del Ateneo de
Madrid del cual
fue presidente
Valle-Inclán.

También es condenado a una multa por desórdenes públicos, que se niega a pagar. Su accidentada detención es casi de zarzuela, y cuando por fin acompaña a los agentes al calabozo, lleva bajo el único brazo un paquete voluminoso de papeles, según él para escribir el *Quijote* en la cárcel...

A pesar de su enorme prestigio y de su popularidad personal como emblema de las letras hispanas, las finanzas de Valle nunca estaban muy boyantes. Las dificultades económicas le encastillaban en su arrogancia y hacían cada vez más difícil convivir con él, tanto a los amigos y conocidos como a su propia familia. Josefina estaba cada vez más harta de esa vida de estrechez y desarreglo, de modo que las disputas conyugales eran frecuentes. De pronto apareció un hada madrina, en forma de editorial —la Compañía Iberoamericana de Publicaciones— que le ofrece el mejor contrato de su vida por la edición de todas sus obras. Por primera vez parece a salvo de la miseria e incluso se ve en una relativa abundancia; la familia se muda a un piso de la calle del General Oráa y empieza a concederse algunos lujos de los que siempre había carecido. Pero esta buena racha no dura y menos de tres años después la mirífica editorial quiebra, acabando con las ilusiones crematísticas del autor. Acaba divorciándose de Josefina Blanco, leal compañera... mientras aguantó serlo, aunque los hijos nunca dejaron de arropar al escritor. Todo ello hace que su salud se resienta y se hacen evidentes los síntomas dolorosos del cáncer de vejiga que acortará su vida.

Recibe nombramientos que deben ayudarle a subsistir pero que sólo le duran pocos meses: conservador del Patrimonio Artístico Nacional, director del Museo de Aranjuez, director de la Academia de Bellas Artes en Roma (el que más ilusión le hace, conseguido gracias a su buen amigo y líder republicano Manuel Azaña). Cuando se proclama la Segunda República, que acoge con entusiasmo, sus ideas se vuelven casi revolucionarias aunque da bandazos muy a su estilo de siempre: lo mismo ocupa la presidencia de honor de la Asociación de Amigos de la Unión Soviética que expresa sus simpatías por el régimen de Mussolini. También firma manifiestos contra la pena de muerte, a favor del Socorro Rojo Internacional... Por encima de todo, permanece ácrata y rebelde siempre, incluso contra sí mismo. Su última novela, *Baza de espadas*, inacabada, presenta a Bakunin teorizando sobre el poder mientras navega hacia Inglaterra en un barco lleno de exiliados y conspiradores españoles. Y en otra también de su época final, *El trueno dorado*, el protagonista es el anarquista Fermín Salvochea, cuya cabeza está puesta a precio, que a pesar de su inquina contra la autoridad acaba cuidando de un pobre guardia al que una pandilla de acomodados juerguistas ha dejado

Café Derby en Santiago de Compostela, donde tuvo sus últimas tertulias Valle-Inclán.

maltrecho al tirarle por una ventana... Y su último estreno teatral es *Divinas palabras*, cuyo título podría servir de blasón a su obra entera.

Deja su adorada Roma, la ciudad donde se siente el último renacentista, y vuelve a su Galicia como la fiera herida se arrastra hacia donde nació para morir. Ingresa en la clínica de su amigo el doctor Villar, en Santiago de Compostela. De vez en cuando sale del recinto hospitalario para ir al café Derby (aún existe y guarda todo su sabor), donde trata de revivir por última vez su ánimo tertuliano. Empeora lentamente, sin cesar. Se niega a recibir asistencia religiosa y el 5 de enero de 1936, un año que traerá tantos dramas a la historia de España, muere poco después de las dos de la tarde. Muchas décadas atrás escribió:

> Quiero una casa edificar
> como el sentido de mi vida.
> Quiero en piedra mi alma dejar
> erigida.

No fue finalmente en piedra, sino en palabras.

RÍA DE AROSA

PONTEVEDRA - CAMBADOS	27,7 KM	25'
CAMBADOS - VILLANUEVA DE AROSA	6,9 KM	14'
VILLANUEVA DE AROSA - VILLAGARCÍA DE AROSA	7,2 KM	11'
VILLAGARCÍA DE AROSA - PUEBLA DE CARAMIÑAL	38,5 KM	36'
PUEBLA DE CARAMIÑAL - MIRADOR DE A CORUTIÑA	9,4 KM	14'
MIRADOR DE A CORUTIÑA - SANTIAGO DE COMPOSTELA	64,7 KM	53'

METRÓPOLIS

SANTIAGO DE COMPOSTELA
VILLAGARCÍA DE AROSA
PUEBLA DE
CARAMIÑAL
VILLANUEVA DE AROSA
CAMBADOS
PONTEVEDRA

Edgar Allan Poe

EDGAR ALLAN POE
AMITY ST., BALTIMORE,
MARYLAND

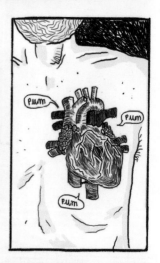

pum pum pum

EL CORAZÓN DELATOR - EDGAR ALLAN POE

El cronista del espanto

El horror y la fatalidad han sido constantes amenazas
en todas las épocas. ¿Por qué entonces debo poner
fecha a la historia que voy a contarles?

Érase una vez un escritor de lengua inglesa dotado de una imaginación potente y macabra, pero cuyo difícil carácter le enemistó con
sus colegas contemporáneos y cuyo estilo rebuscado y preciosista le
granjeó la animadversión de los críticos posteriores, hasta el punto
de que parecía condenado a verse marginado y reducido a una mera
nota a pie de página de la historia literaria de su época. Pero hete
aquí que un poeta francés, de vida bohemia y renombre tan amplio
como escandaloso, se sintió fascinado por su obra, la tradujo y con-
quistó para él en Europa la fama que apenas entrevió en su país de
origen. Dice Borges que de la combinación del melancólico persa
Omar Jayán (nacido en 1048), autor de los breves poemas titulados
Rubaiyat, y del extravagante inglés Edward FitzGerald (nacido en
1809), que los tradujo en verso, nació un nuevo poeta más vigoroso
y original que ambos. De forma semejante, de la admiración creativa
de Baudelaire por Edgar A. Poe nace la perdurable leyenda acerca de
éste como algo independiente de sus datos biográficos y más deudora
de la mitología que de la historia de la literatura, que lo convierte en
un autor de culto memorable incluso para quienes no lo han leído.

El polaco Stanislaw Jerzy Lec asegura en uno de sus aforismos que «a ciertos genios sólo pueden descubrirlos otros genios». Pero cabría añadir que en este caso la genialidad así revelada no se confina en el gusto de las élites sino que alcanza la mayor popularidad. Y no es poco decir, porque Poe y sus temas característicos, incluso sus iconos (¡el cuervo, el gato negro!), se han convertido en inspiración no sólo para otros escritores, sino también para músicos, dramaturgos, cineastas, series de televisión, videojuegos, etc. En cuanto cantera para extraer material reutilizable, Edgar A. Poe se ha convertido en una promesa perpetua. Como dijo de él Conan Doyle, si todos los que han aprovechado para su obra escenas, situaciones o imágenes suyas llevaran un simple ladrillo a su tumba, hoy tendría un monumento funerario mayor que la gran pirámide de Egipto.

Edgar Poe nació el 19 de enero de 1809 en Boston, hijo de un matrimonio de actores originarios de Baltimore cuya gira de actuaciones les había llevado a esa ciudad. Por el lado paterno descendía de irlandeses de pura cepa, militantes y arriscados: su abuelo, el «general» Poe, era un artesano que se había ganado el apodo militar organizando la defensa de la ciudad contra los ingleses durante la gue-

El primer lugar de entierro de Poe, cerca del actual.

rra de Independencia. Hubiera querido que su hijo David tuviese una carrera de plácido futuro, como empleado de notaría, pero el joven se enamoró de la actriz Elisabeth Arnold y se dedicó a la vida de la farándula. Con poco éxito: David tenía buena presencia, pero era mucho peor actor que su mujer y sus interpretaciones cosechaban mas abucheos que ovaciones. De modo que se entregó a la bebida, contrajo la tuberculosis y sencillamente desapareció de la vida familiar. No sabemos adónde fue a morir, lo único seguro —y relevante— es que Edgar prácticamente no conoció a su padre. En cambio, ya aparecen en su vida el alcohol y la tisis, dos dramáticos elementos recurrentes en su breve biografía. Su primera infancia transcurre entre bambalinas, siguiendo las actuaciones de su madre adorada que todas las noches representa a Julieta o a Ofelia, a las reinas de oropel de dramas declamados ante las candilejas. Aún no es consciente de lo que ve ni de lo que oye y no le da tiempo a cobrar conciencia de ello, porque tiene poco más de tres años cuando su madre muere de tisis en Richmond, con sólo veinticuatro años. Deja tres niños, de los que Edgar es el mediano, completamente desasistidos, sin comida, sin ropa, y así entra en la vida del futuro escritor la tercera de las hadas malignas que velaron su cuna: la pobreza. Y también el tema poético central de su vida: el huérfano abandonado juega en la cámara mortuoria de su madre y contempla, apenas consciente, su primer cadáver de mujer joven y bella, imagen delicadamente macabra que ya nunca le abandonará. Aún falta otro ingrediente de este drama, que se presentará pocos días después del fallecimiento, cuando el fuego destruya el teatro en que Elisabeth había actuado y acabe con la vida de sesenta personas. Alcohol, tisis, pobreza, la joven belleza tronchada por la muerte, el fuego destructor; ya están todos los elementos necesarios, ya puede alzarse el telón y comenzar la pieza oscura que protagonizará Edgar Poe.

Con tres años, el huérfano es acogido por los Allan, una familia burguesa de Richmond. La joven señora Allan no tiene hijos y se queda arrobada por la belleza algo inquietante de ese niño que ha jugado junto al lecho mortuorio de su madre. Su marido, un próspero comerciante, le hace bautizar por si acaso, como quien le pone una vacuna, y, aunque no llega a adoptarlo oficialmente, le da su apellido:

desde entonces será Edgar Allan Poe. Por entonces los Estados Unidos (sólo son trece) tienen veinte años de edad, el dólar acaba de ser inventado y Richmond es una de las ciudades políticamente más importantes del país, cuna de cuatro de sus primeros cinco presidentes: George Washington, Thomas Jefferson, James Madison y James Monroe. Desde luego persiste la esclavitud y en el lejano oeste aún combaten los guerreros indios por el dominio de territorios que dentro de poco perderán definitivamente. Los años de la niñez de Poe entre los Allan son sin duda los más felices de su vida: tanto la señora Allan como su hermana miman al niño precoz, que después de la cena se sube a la mesa del comedor como en un escenario improvisado y recita, exaltado y febril, poemas clásicos y hasta monólogos de Shakespeare. Por primera y última vez en su vida tiene dinero en el bolsillo, buenos trajes, un poni en el que trota muy ufano seguido de su *groom* negro y maestros particulares más dedicados a seguirle los caprichos que a proporcionarle conocimientos sistemáticos. De modo que el muchacho, cuando por fin va a la escuela, se muestra escandalosamente atrasado para su edad en los estudios, aunque vivaz, inteligente... y casi echado a perder por los mimos de las mujeres de la casa. Un comienzo en clave dichosa pero que no presagia nada bueno, como suele ocurrir en los cuentos que el mismo interesado escribirá unos años después.

Tras la guerra contra Inglaterra de 1812, la segunda guerra de Independencia, la economía de las regiones del sudeste —vinculadas al comercio colonial con Gran Bretaña, a diferencia de los estados más industriales del norte— sufre un serio quebranto. Entre los afectados está el comerciante Allan, que decide viajar con su familia a Inglaterra para mejorar sus vías de fortuna.

Los cuatro años que el adolescente Edgar pasó en Inglaterra —primero en Escocia y luego en Stoke Newington, cerca de Londres— fueron muy importantes para él. Primero, porque recibió por primera vez una instrucción regular, con algo de latín, francés, historia y sobre todo literatura. Pero además porque descubre la traumática lección del exilio, pasando de la luminosa y clara Richmond a una vieja mansión inglesa perdida entre brumas, lúgubre durante el día y llena de crujidos y simulacros de sollozos por la noche, la misma que aparece luego en tantos de sus cuentos, enorme y llena de pasillos laberínticos, con vastas salas polvorientas y ominosos subterráneos propicios al calabozo o a ser emparedado vivo, habitada por el pulular susurrante de tantos muertos que una vez allí se creyeron efímeramente inmortales, como cualquiera de nosotros. La eterna casa Usher, siempre quebrada y a punto de hundirse, como las ilusiones y los amores de la vida, como el mundo...

Pero cuando Poe vuelve a Richmond no es un pesimista prematuro sino un joven lleno de energía, un efebo gallardo y muy cuidadoso de su apariencia personal, casi un petimetre, que además destaca en todo tipo de ejercicios físicos y deportes, en boxeo, en la carrera y sobre todo en natación y salto, aficiones que le durarán toda la vida. Los condiscípulos le admiran a regañadientes, porque sienten en él algo áspero y esquivo, que les rechaza. Es la íntima y permanente contradicción en Poe, la del extrovertido que busca la gloria y el éxito mundano, asediado por un doble oscuro que apetece soledad, silencio, intimidad de camposanto. No tiene amigos y se dice que no sonríe jamás. De vez en cuando es fulminado por un súbito amor, etéreo, incorpóreo, como el que con poco más de trece años siente por Jane Stanard, la madre de uno de sus compañeros de instituto. Una mujer angustiada e inestable, que le hace confidencias impropias de la edad del muchacho sobre su miedo a la locura y a la muerte. Se

Uno de los bustos más conocidos y reproducidos de Poe.

marchita ante los ojos de Edgar y muere pronto; el adolescente la visita asiduamente en el cementerio y lee junto a su tumba los poemas que compone para recordarla. Es la segunda muerta de su vida, también joven y bella, también adorada, como su madre. Poe sostendrá siempre que la aflicción por la muerte de una mujer hermosa es el tema poético por excelencia, unido al secreto deseo de revivirla de algún modo por medio del sortilegio de las palabras: a este motivo literario permanecerá fiel toda su vida, modulándolo de mil maneras, desde el registro más tierno al sumamente estremecedor y morboso.

Ya en esos años Edgar adquiere la pasión del juego, y el pago de sus deudas por culpa de esa afición es el comienzo de sus encontronazos con mister Allan, el padre de acogida. También cultiva otros excesos juveniles, con la bebida y quizá alguna droga menos respetable, que magnifica retrospectivamente en el más autobiográfico de sus relatos, «William Wilson», diciendo que «bastará decir que superaba a Herodes en disipación». Exageraciones aparte, estas confidencias revelan algo interesante sobre el tenebrismo romántico de Poe: a diferencia de autores de su misma estirpe —empezando por Baudelaire—, él nunca cultivó una estética del mal ni ensalzó los placeres prohibidos. Al contrario, se mantuvo siempre dolorosamente fiel a la moral puritana. Sus protagonistas que se dejan arrebatar por el alcohol o por cualquier otra anomalía perversa son siempre desdichados, literalmente almas perdidas que suscitan la compasión o el espanto, pero nunca la envidia hedonista por los goces aniquiladores a los que se ven empujados por ese *demonio de la perversidad* del que habla en otro de sus cuentos. Nos miramos en el negro abismo que nos atrae, pero quienes carecen de la fuerza racional suficiente para resistirse a tal seducción —como nuestro autor temía que fuera su propio caso— no se precipitan a un satánico festín de deleites prohibidos sino al infierno más atroz, sin remisión estética que valga.

El señor Allan hereda una gran fortuna, lo que mejora mucho su situación financiera, pero no le convierte en un manirroto. Sigue protestando por tener que pagar las deudas de Edgar, se opone a que éste culmine precipitadamente un amorío juvenil en boda y, desde luego, prefiere que se dedique al comercio antes que a algo tan inverosímil y vagamente escandaloso como la poesía. Porque Poe quiere ser poeta, como todos los jóvenes cuando descubren una vocación literaria; uno acaba escribiendo cualquier cosa y de todo, claro, pero lo que inicialmente siempre nos tienta es esa gran dama, la reina, la poesía. Su primer libro, poco más que un folleto de cuarenta páginas, se titula *Tamerlán y otros poemas*, viene firmado sencillamente por «un bostoniano» y está algo más que influenciado por Byron, como corresponde al momento y la edad del escritor. Al publicarlo, Poe tiene dieciocho años y acaba de romper con su padrastro. Se va de casa sin nada en los bolsillos, con todo en la cabeza y en su imaginación. En esa fractura familiar no sólo hay motivaciones artísticas: el señor Allan es conservador y piadoso, pero sólo en las apariencias sociales, porque tiene medio abandonada a su esposa, a la que engaña pertinazmente con otras mujeres que le dan varios hijos ilegítimos. Esta conducta hipócrita pero dentro de la ortodoxia burguesa hiere doblemente a Edgar: en primer lugar, porque siente por la señora Allan un cariño filial, y además porque había esperado una herencia que le librase de preocupaciones económicas y le permitiese entregarse a la literatura, lo que el creciente número de descendientes extramatrimoniales de Allan y su propia condición de simple acogido hacen cada vez menos probable. De modo que rompe con su padrastro (de forma parecida al modo en que su valedor francés, Baudelaire, rompió con el suyo, el general Aupick), que además se ha atrevido a revelarle que su madre actriz llevó una vida más bien ligera incluso antes de la desaparición de su padre, hasta el punto de que su hermana pequeña es hija de algún amor ocasional. Que ese filisteo promiscuo y sermoneador se atreva a poner en duda la pureza de su muerta adorada indigna a Poe hasta la ferocidad. Cuando Allan le recuerda cuánto le debe, Edgar le espeta: «¿Acaso pedí yo vuestra caridad?». Y se marcha, a la ventura, con su librillo de versos bajo el brazo, asegurando en una carta: «Soy joven y soy poeta —si el amor de lo Bello puede hacerle a uno poeta— y deseo serlo. Soy IRREMEDIABLEMENTE poeta». Así, con mayúsculas.

La primera etapa fuera de su familia de acogida permanece algo confusa, porque Poe se inventa una especie de biografía a lo Byron, con viaje a Grecia para luchar por las libertades amenazadas incluido. Y también un paseo por Rusia, San Petersburgo y las intrigas palaciegas, un amago de deportación a Siberia... Algunos de sus biógrafos, empezando por Baudelaire, se tragaron esta sarta de embustes sin advertir que Poe fue un mistificador espontáneo, pródigo en invenciones legendarias sobre su propia vida como sobre ciencia, cosmogonía y todo lo demás. La verdad es más sencilla porque Poe, como buen yanqui, sabe ser pragmático cuando es necesario y opta por la forma de vida más adecuada a sus circunstancias: la carrera militar. Se alista como soldado raso en la artillería federal con nombre supuesto (Edgar A. Perry) y ahí se va haciendo valer poco a poco. Su conducta, a juicio de sus superiores, es irreprochable, y además tiene una estupenda caligrafía, lo que en aquellos tiempos de alfabetización dudosa no era poco. Asciende de encargado de intendencia —algo así como cabo furriel, el grado que yo mismo tuve en la «mili» obligatoria de la era franquista— a sargento mayor. Se siente a gusto, razonablemente feliz, y todo le incita a intentar llegar a oficial. Falsificando un poco la fecha de nacimiento (para que le admitieran en el ejército ha tenido que envejecerse, pero ahora le toca rejuvenecer algo), entra con su nombre de Edgar Poe en la academia de West Point. La disciplina es exigente, pero él está físicamente bien preparado para ella, y esa estética algo mecánica del formalismo uniformado no deja de producirle cierto agrado. Cuando en 1824 el viejo La Fayette viaja rodeado de honores a Baltimore, Edgar recuerda que es nieto del «general» Poe que estrechó hace décadas la mano del héroe y solicita orgullosamente formar parte de su escolta. Se encuentra a sus anchas, mantiene correspondencia con la señora Allan y su hermana, incluso empieza a pensar en un retorno al hogar en plan hijo pródigo que vuelve al redil. Pero entonces, como ya le ha ocurrido antes y luego seguirá pasándole en las variadas circunstancias de su vida, vuelve a intervenir el demonio de la perversidad, el doble oscuro que cambia el trayecto de su vida. De pronto, el aspirante modelo acumula faltas de disciplina, se ausenta sin motivo, no cumple sus guardias. Se gana una corte marcial y su expulsión de la prestigiosa academia. Otra puerta a un futuro rutinario pero prometedor que se le cierra. ¿O es él quien se la cierra, voluntariamente?

Edgar vuelve a Baltimore, a su primera familia. Se acoge en casa de Maria Clemm, una hermana de su madre a la que siempre llama-

La casa museo
de Poe en Amity
Street, Baltimore.

rá desde entonces «mamá» y que ocupará el lugar dejado vacante por
su madre biológica y por la señora Allan. Tres madres para un solo
hijo verdadero. Maria Clemm le cuidará a partir de entonces con
admirable devoción, le alimentará, le vestirá, cuidará su casa y nunca
le abandonará en sus peores momentos. Será a ella a quien Baudelaire (que siempre soñó con tener para sí mismo una veladora tan
servicial) dedique sus traducciones de Poe. En Baltimore viven en
una pequeña casa de tres plantas en la calle Amity (sí, como el pueblo de *Tiburón*) que hoy es un reducido museo bien cuidado aunque
no tan frecuentado como debiera, porque las transformaciones urba-
nísticas la han confinado en un barrio poco seguro, del tipo que
aparece en la serie *The Wire*. Poe renuncia a cualquier otra ocupación
posible y decide dedicarse de lleno a la literatura. Pero la poesía, que
es lo que más le gusta escribir, no vende nada. De modo que en uno

de sus accesos de pragmatismo, opta por dedicarse a lo que podía ofrecerle más rentabilidad sin dejar la literatura: la ficción. En el siglo XIX los cuentos de terror eran el equivalente de las novelas policíacas en el nuestro: las obras más reclamadas, celebradas y vendidas. Charles Brockden Brown, quizá el primer novelista estadounidense que vive de su pluma, cultiva ese género. Por cierto, se trata de un autor interesante, comprometido socialmente (también es el primer escritor *engagé*), y sin duda le sirvió en más de un aspecto de referencia a Poe, con quien compartió el destino de una vida breve; como él, como Baudelaire, sólo vivió treinta y nueve años. El caso es que Edgar se inclina hacia el género escalofriante, aunque al principio mezclado con elementos de un humor grotesco, distorsionado, sin duda en buena medida heredero de los del narrador alemán E. T. A. Hoffmann. A los críticos que pronto le reprocharon ese evidente parentesco, Poe les respondió: «El horror del que hablo no proviene de Alemania, sino del alma humana».

Aquí podemos hacer un inciso para comentar el esfuerzo de Edgar Poe por luchar contra las trabas que en su época dificultaban a los escritores el poder vivir de su trabajo literario. Este esteta, al que los más exigentes le han afeado el excesivo rebuscamiento y preciosismo de su estilo (Aldous Huxley habla abiertamente de su mal gusto y Harold Bloom aprecia tan escasamente su prosa que dice que es mejor leerle en francés), se planteó siempre con plena conciencia profesional su escritura, nunca como el pasatiempo de un bohemio ocioso y económicamente despreocupado. En este aspecto fue decididamente más yanqui que europeo. Junto con su tarea como autor de ficciones, practicó durante más de trece años la crítica literaria en diversas revistas (no era un censor complaciente: la dureza de sus comentarios le valió el apodo de Tomahawk Man), luchando siempre por que se publicase a los buenos autores americanos. El problema en su época era que los editores yanquis no pagaban derechos por la publicación de autores extranjeros, aunque escribiesen en inglés. A consecuencia de este abuso, preferían siempre publicar a los foráneos —por mediocres que fuesen— antes que a los compatriotas. Lo cual llevó a Poe a escribir que dedicarse a la literatura en su país era como cortarse el cuello y que ante todo «tanto en las letras como en la política se necesitaba una Declaración de Independencia y, lo que aún sería mejor, una declaración de guerra». En esta actitud necesariamente belicosa encontró un inesperado aliado nada menos que en Charles Dickens, el escritor de lengua inglesa más leído en América, pero que tampoco percibía derechos por sus libros publicados allí. De modo que cuando Dickens viajó al reciente nuevo estado, lo primero que hizo fue reunirse con Poe para intentar entre ambos redactar un proyecto de ley sobre el copyright... A pesar de esos esfuerzos, los relatos de Poe nunca le dieron lo suficiente para huir de la pobreza y tuvo que completar sus míseras ganancias con colaboraciones periodísticas de divulgación científica o cultura general.

En sus comienzos, las narraciones de Edgar Poe mostraban influencia del estilo de Hoffmann y también rendían homenaje al gusto por los relatos góticos dieciochescos de Ann Radcliffe y Horace Walpole, ambientados en enormes casonas o castillos llenos de pasadizos y lúgubres mazmorras, siempre amenazando ruina. Sin embargo, incluso cuando más utiliza estereotipos reconocibles, la personalidad literaria del autor se manifiesta siempre: por ejemplo en «El hundimiento de la casa Usher», un relato de vampirismo en una mansión hechizada que, sin embargo, mantiene una fuerza original tanto más perceptible cuando se lo compara con aquellos a los que superficialmente más parece asemejarse. Pronto comenzó a introducir un giro psíquico en sus terrores, que se convirtió en lo más inconfundible y personal de sus relatos, aunque los decorados en que ocurrían respondiesen a convenciones más o menos sobadas del género. Intentaré explicarlo: la innovación de Poe fue pasar del terror como amenaza y sobresalto *físico* al escalofrío *mental*. Hasta entonces, los cuentos de miedo presentaban a un personaje más o menos normal, como el lector mismo, que de pronto se encontraba inmerso en un mundo anómalo, sobrenatural y espeluznante; por el contrario, Poe presenta a un protagonista inquietante y profundamente trastornado que tiene que vérselas con un mundo común y corriente. Quizá el mejor ejemplo de método sea «La esfinge», en que el protagonista cree ver un monstruo tremendo descender por la colina que tiene enfrente, hasta que comprende que se trata meramente de un insecto en el cristal de la ventana por la que está mirando. De mil maneras, es la mirada subjetiva la que agiganta los espantos: el protagonista de «El corazón delator» es sin duda un asesino despiadado, pero el auténtico horror proviene del ruido infernal del corazón de su víctima, que continúa persiguiéndole hasta cuando ya ha dejado de latir. En este relato y en otros, el héroe se empeña en aclarar que no está loco, es decir, que su espanto proviene de causas objetivas y no subjetivas, contra la evidencia de la propia narración. Es un muy explicable afán por puro deseo de supervivencia, ya que de los terrores que tienen su origen en el mundo exterior uno puede huir con algo de suerte, pero nunca de los pánicos que nacen dentro de nosotros mismos...

Aunque dotado de una imaginación caprichosa y febril, frecuentemente exaltada por la ingestión de alcohol y el consumo de otras drogas, lo que más valoraba Edgar Poe era la razón, con todos los meandros de la lógica. De modo que no sólo introdujo variantes subjetivas de los clásicos cuentos de terror gótico, sino que inventó al menos dos nuevos géneros racionalistas y antimágicos que iban a tener una vasta progenie en su posteridad. Uno de ellos fue el relato de ciencia ficción, cuyo primer ejemplo inolvidable es «La verdad sobre el caso del señor Valdemar». Desde luego, para nosotros hoy el mesmerismo no tiene nada que ver con la ciencia, pero no era así en la época de Poe: el relato escalofriante que menciono no recurre a ningún elemento sobrenatural para alarmarnos, sino a una práctica a la que entonces se le concedían capacidades experimentalmente comprobadas. El segundo género que patentó, aún más indiscutiblemente que el primero y de mayor descendencia literaria, es el relato detectivesco. En la polémica que mantuvieron sobre este origen Roger Caillois y Jorge Luis Borges, es evidente que los mejores argumentos estaban del lado del argentino: puede ser cierto que algo de detectivesco hubo —como señalaba Caillois— en la forma en que el profeta Daniel descubrió que no era Baal quien se comía las ofrendas que le hacían los fieles, sino los sacerdotes cuyas huellas aparecieron en los granos de trigo que el santo varón había esparcido en torno al ídolo. Pero esa indagación y otras igualmente remotas no son significativas respecto al género moderno: en «Los crímenes de la calle Morgue», Edgar Poe patenta los elementos inconfundibles de éste, como son el detective *amateur* que derrota a los rutinarios policías de oficio porque aplica el razonamiento de un modo más científico que ellos, el asesinato imposible pero que una vez aclarado resulta totalmente lógico y evidente, junto con la jungla de la gran ciudad, enigmática en sí misma y habitada por tribus urbanas capaces en su multiculturalismo de confundir con un idioma extranjero la voz inhumana del orangután. El infalible y arrogante Auguste Dupin es el abuelo de Sherlock Holmes y demás sabuesos, lo mismo que el embobado amigo que sigue sus pasos tratando de comprender su forma de argumentar es el antepasado de todos los Watsons, Hastings, etc. que en el mundo han sido.

«Los crímenes de la calle Morgue», «La carta robada», «El asesinato de Marie Rogêt» y también «El escarabajo de oro» eran clasificados por su autor como relatos «razonantes» y gozaban para él de especial aprecio. Sin duda Poe recibió muchos de sus temas y de su ambientación del romanticismo: él sostuvo siempre que la muerte prematura de una mujer hermosa (y quizá su regreso desde la tumba sin sosiego) es el mejor de los argumentos para una composición poética. Le gustaba ambientar sus cuentos en caserones desvencijados y lóbregos, en criptas malolientes donde se amontonan restos humanos, en calabozos, en palacios de opereta donde se divierten cortesanos libidinosos y bufones despechados. Sus protagonistas suelen ser excesivos y obsesivos, dipsómanos, delirantes, perseverantemente dedicados a su autodemolición. Y, sin embargo, el ideal intelectual de Edgar Poe era el racionalismo más exigente, frío y objetivo: planeaba sus cuentos y hasta algunos de sus poemas (¡«El cuervo»!) como mecanismos de precisión cuyos engranajes debían llevar calculadamente hasta un efecto final que sacudiese al lector. Por eso fue el inventor de la narración detectivesca, el género más parecido a un problema matemático o una milagrosa jugada de ajedrez. Uno de los relatos que suele recomendar entre sus preferidos es «El escarabajo de oro» (también lo es mío, porque es el primero de los suyos que leí), en el que se combinan magistralmente los elementos sugestivamente macabros con una línea clara de raciocinio que finalmente desemboca en la fortuna del analítico protagonista. Para Edgar Poe, sólo la coherencia lógica y el rigor argumental pueden rescatarnos de los abismos del espanto y el delirio que nos acechan a cada paso durante la vida... y a veces hasta un poco más allá de ella. Cuando perecen, sus personajes son destruidos por una mala lectura de las circunstancias que les han tocado en el universo, como ese fatuo y ebrio Fortunato que se hunde voluntariamente en la peor mazmorra por no atender a las múltiples advertencias que le hace su verdugo Montrésor mientras le conduce a ella en uno de los cuentos más eficaces de la serie, «El barril de amontillado». Sin duda el mismo Poe creía que si hubiera sido capaz de mantener hasta sus últimas consecuencias la racionalidad lógica habría logrado vencer al demonio de la perversidad que se encargó de malbaratar los momentos más prometedores de su vida y sus oportunidades de dicha y abundancia. Por eso apreciaba por encima de todos sus relatos «razonantes», porque demostraban que él mismo era capaz intelectualmente de llevar a cabo los prodigios de la exactitud, aunque después, en su vida cotidiana, le arrastrasen furores inexactos y la conspiración fatal de la inconsecuencia.

Salvo algunos de sus críticos más adversos, pocos le niegan a Poe que fue un maestro de la narración breve y que firmó al menos ocho o quizá diez cuentos que merecen figurar en las más exigentes antologías del género. En cambio, su estilo concentrado e intenso se aviene peor con la longitud de la novela, que acometió sólo en dos ocasiones: una está ambientada en el Oeste y cuenta la dura vida de los exploradores que se adentraban en esas tierras violentas, titulada *El diario de Julius Rodman*. Apareció por capítulos en la *Burton's Gentlemen Magazine*, una de las numerosas revistas de las que fue efímero colaborador, y aunque muestra que el autor se documentó exhaustivamente y se basó en testimonios reales para escribirla, adolece de rigidez narrativa y escasa sofisticación de estilo. En cambio la otra, *Narración de Arthur Gordon Pym*, que también apareció por entregas en el *Southern Literary Messenger*, reviste mucho más interés y algunos la consideran (la consideramos, qué caramba) uno de los logros mayores del escritor, pese a que él en una carta la desdeña como un «very silly book». Como su otra novela (y su intrigante relato inacabado «El faro»), está contada en primera persona en forma de diario. Es un relato marinero y también una historia de iniciación enigmática, llena de episodios aventureros, muchos de ellos sanguinarios, que acaba en un insólito paisaje antártico donde vive una raza hostil y que culmina con una aparición nívea que repite un mensaje indescifrable. Los elementos realistas y los fantásticos se combinan de una manera casi hipnótica o, mejor dicho, onírica. Tanto los elementos marineros (el viaje oceánico como descubrimiento de la propia personalidad) como el recurso al blanco como color ominoso y fatal influyeron probablemente en una obra aparecida un par de años después de la muerte de Poe: *Moby Dick*, de Herman Melville.

Para tratar de aumentar sus ingresos, Poe saltaba de una revista a otra e incluso intentó fundar una a su medida, que fracasó con la puntualidad previsible. Trataba de escribir reportajes informativos, científicos, para los que se documentaba de una manera tan concienzuda como en el fondo arbitraria. Incluso perpetró un tratado cosmológico, *Eureka* (en griego, «¡Lo encontré!»), en el que con desparpajo pretendía aclarar en unas cien páginas los grandes secretos del porqué y el cómo del universo, un esfuerzo que hoy nos parece más cerca de la poesía surrealista que de la ciencia, por muy amplio que sea el concepto que tengamos de ésta. Ninguna de esas tareas le produjo un gran rendimiento económico; sus biógrafos se han admirado unánimemente de lo poco que logró ganar en su vida este escritor que siempre se propuso con determinación vivir de su pluma. Y no es porque tanto en Baltimore o Filadelfia como en Nueva York y Providence no frecuentase los círculos intelectuales más al día ni tratase con los más distinguidos escritores del momento. Nunca fue un marginado ni un desconocido, pues algunos de sus cuentos (por ejemplo, «El escarabajo de oro») y de sus poemas («El cuervo», «Las campanas») obtuvieron una razonable notoriedad. Pero sus acerbas críticas literarias, que sin embargo solían ser acertadas y ensalzaban el verdadero mérito frente al éxito de lo mediocre, le ganaron muchos enemigos que se dedicaron a difundir bulos y medias verdades derogatorias sobre su reputación. El principal flanco por el que fue atacado fue su afición a la bebida, un reproche moral que no literario (¡qué sería de la historia de la literatura si

Entre botellas de licor, como a él más le gustaba.

borrásemos de ella a los dipsómanos!), pero que no parece calumnioso. Es indudable que Poe bebía con frecuencia demasiado, pero también que en ocasiones se escudaba en la bebida para procurar ser rechazado cuando quería huir de algún compromiso, fuese amoroso o social. Es conocido un episodio juvenil, cuando algunos amigos influyentes le prepararon una cita con el presidente John Tyler para obtener un puesto político que hubiera podido resolverle económicamente la vida y Poe se presentó borracho, lo que impidió el encuentro y vetó la sinecura. En otra ocasión, en sus últimos años, el muy respetado Boston Lyceum le invitó a una solemne sesión pública en la que debía leer un poema inédito; Poe se presentó evidentemente borracho, divagó sarcásticamente sobre la poesía durante un rato que a los oyentes se les hizo más largo que inteligible y finalmente leyó «Al Aaraaf», una composición publicada mucho tiempo atrás. Sobra decir que estas pioneras *performances* de una época más estricta que la nuestra no le ganaron simpatías, sino que fueron hundiendo su reputación. Y también conviene considerar que tener una auténtica mala reputación nunca beneficia a un artista, aunque en ciertas épocas la mala reputación consiste en beber y no cumplir los compromisos académicos (lo cual actualmente puede incluso mejorar alegremente la biografía), mientras que ahora ser antisemita o contrario al matrimonio gay puede hundir cualquier renombre.

Como ya se ha dicho, Edgar Poe se cobijó baja la falda protectora de su tía Maria Clemm, cuyo amparo ya no volvió a faltarle el resto de su vida. Ambos convivían con Virginia, la hija de Maria, con la que Edgar decidió casarse antes de que ella hubiese cumplido los catorce años. Según apuntan todos los testimonios, para Poe las mujeres eran sagradas, es decir, algo que merece la más alta reverencia pero que no puede tocarse. Por eso le fascinaban más después de muertas que cuando aún vivían... y amenazaban. Hablar de la impotencia como fuente fisiológica de su angustia (también lo fue en el caso de Kierkegaard, la notoria astilla clavada en la carne) es ya un tópico de sus estudiosos, que menciono de pasada porque me repugnan las intimidades excesivas que carecen de relevancia propiamente literaria. El caso es que nunca le faltaron las enamoradas potenciales, a las que le gustaba seducir con su palabra y encanto algo luciferino, para luego rehuirlas antes de verse obligado a poner manos a la obra. Con Virginia, su frágil esposa/niña, y siempre con Mamá Maria, se trasladó a vivir a una especie de modestísimo chalet en el Bronx de Nueva York. Su poema «El cuervo» le había dado una gran popula-

La cama donde
murió Virginia,
en la casa del Bronx.

95

ridad, hasta el punto de que en una función teatral el actor que lo vio entre el público interrumpió su papel lanzando el célebre «nevermore, nevermore!». A pesar de esa notoriedad, y aunque por vez primera se había convertido en propietario del (eso sí, ruinoso) *Broadway Journal*, Poe atravesaba por una seria crisis depresiva con el correspondiente aumento de su propensión alcohólica. Para colmo, la tuberculosis de Virginia se agravó y murió allí, en el Bronx, poco antes de cumplir veinticuatro años. A partir de ese momento, entró en una espiral descendente de alcohol, láudano y búsqueda insaciable de compañías femeninas en las que refugiarse y de las que huir, según correspondiese al humor del momento. Una de ellas era su antigua amiga y poetisa de Providence Sarah Helen Whitman, que acababa de enviudar y a la que tanteó con una propuesta de matrimonio, hecha, según parece, sin demasiada convicción.

Los últimos días de Poe son muy confusos y tienen un toque lúgubre que parece sacado de su propia narrativa. Posible título: «Dando tumbos hacia la tumba». En septiembre de 1849, tras haber pasado unos meses en Richmond, pensó en volver a Nueva York y casarse allí, ya se vería con quién. Pero el caso es que navegó hasta Baltimore. Allí le encontraron en estado delirante en una taberna, el

Fernando Savater y Sara Torres en la casa del Bronx.

La cocina de la casa del Bronx.

3 de octubre, vestido con ropas estrafalarias que evidentemente no eran suyas. Era período electoral, y agentes desaprensivos de los candidatos solían dar bebida gratis a los incautos, para que, tras cambiarles de apariencia de modo sumario y completamente borrachos, votasen varias veces a favor de su patrón. Quizá de esa mala práctica fue víctima Edgar Poe, lo que confirmaría a título póstumo sus prejuicios contra ciertos usos del sistema democrático. En realidad no sabemos lo que pasó. Lo cierto es que algunos amigos lo llevaron al Washington Hospital y que allí murió cuatro días después, sin recobrar plenamente el conocimiento. De inmediato sus enemigos comenzaron la labor de zapa: un tipejo repugnante que ejercía como crítico literario, sin ser ni el primero ni el último de su estirpe, bajo el seudónimo de Ludwig (Rufus W. Griswold) escribió en el *New York Tribune* una necrológica que comenzaba con esta frase benévola: «Edgar A. Poe murió anteayer, pero pocos le echarán de menos…». Después hacía un retrato difamatorio del difunto, convirtiéndole en dechado de vicios y conductas vergonzosas. Durante muchos años su descripción del personaje, «embellecida» por los críticos no menos hostiles de su estilo, quedó como el retrato oficial del escritor. Poco a poco se fueron elevando las voces de sus parti-

darios, encabezados por la valerosa Sarah Helen Whitman, su medio novia de Providence, que en su libro *Edgar Poe and His Critics* le defiende de las calumnias de Griswold y proporciona interesantes informaciones sobre su persona y su obra. Y además estaba Baudelaire, por supuesto, con su traducción menos exacta que entusiasta del poeta al que amaba... Detalle curioso: uno de sus entusiastas lectores de primera hora fue el luego presidente Abraham Lincoln, que a los treinta y siete años (aún en vida de Poe) escribió un cuento de misterio en su estilo, «The Trailor Murder Mistery».

En el Westminster Hall and Burying Ground de Baltimore está la tumba de Edgar Allan Poe, con una lápida costeada por uno de sus

La tumba de
Edgar Allan Poe.

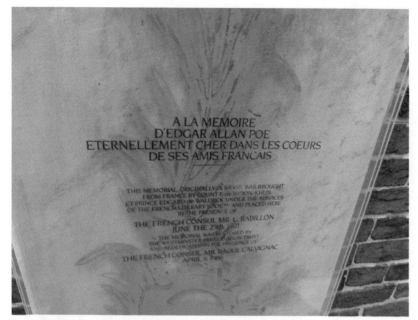

Junto a la tumba de Poe, el testimonio de sus amigos franceses.

admiradores. Detrás hay una placa conmemorativa de sus amigos franceses. Durante muchos años, a partir del centenario de su muerte, otro admirador desconocido dejaba el día del aniversario una botella de coñac Martell y rosas sobre la tumba. Esa tradición acabó en 1998, pero el culto a Poe continúa en los corazones agradecidos de sus millones de lectores. No fue quizá un artista sublime, pero sí un insuperable inspirador de nuevos géneros, de imágenes torturadas e indelebles, y dueño de una voz que ha encendido innumerables ecos en la narrativa, el cine, el cómic, la televisión, la música, el teatro... No sólo está en las estanterías de las bibliotecas sino en ese rincón íntimo de nuestra imaginación al que nos retiramos a veces para disfrutar con escalofrío de cuanto somos y de cuanto vamos dejando de ser.

BOSTON - PROVIDENCE	81 KM	55'
PROVIDENCE - NUEVA YORK	291 KM	3 H 10'
NUEVA YORK - FILADELFIA	152 KM	1 H 54'
FILADELFIA - BALTIMORE	171 KM	1 H 48'
BALTIMORE - RICHMOND	247 KM	2 H 38'

NUEVA YORK

BOSTON

PRØVIDENCE

NUEVA YORK

PENNSYLVANIA

BALTIMORE

RICHMOND

Giacomo Leopardi

GIACOMO LEOPARDI

VIA LEOPARDI 14
62019
RECANATI

LLEGA EL VIENTO TRAYENDO EL SON DE LA HORA DEL PUEBLO.

ME ANIMABA ESTE SON, LO RECUERDO, EN MIS NOCHES...

CUANDO NIÑO, EN LA OSCURA ESTANCIA, POR ASIDUOS TERRORES DESVELADO, SUSPIRABA POR LA MAÑANA.

AQUÍ NO HAY COSA QUE VEA O SIENTA (...) CUYA IMAGEN DENTRO NO VUELVA O QUE UN DULCE RECUERDO NO DESPIERTE...

DULCE POR SÍ, PERO CON DOLOR SE IMPONE EL PENSAMIENTO DEL PRESENTE...

UN VANO DESEO DEL PASADO, TRISTE AÚN, Y EL DECIR...

...YO HE SIDO.

REMEMBRANZAS - GIACOMO LEOPARDI

El glorioso desventurado

¿Es éste el mismo mundo,
éstas las dichas, el amor, los acontecimientos
de que juntos hablamos?
¿Ésta es la suerte del género humano?

Fue raquítico, jorobado en la espalda y en el pecho, asmático, siempre enfermo del estómago, de las articulaciones, de los nervios, casi ciego al final de su vida... Pero dicen que su sonrisa, cuando quería y podía sonreír, era maravillosa. Sólo vivió treinta y ocho años. Sin embargo, le dio tiempo a ser poeta y pensador, a traducir a los clásicos, a escribir cartas prodigiosas, a comentar a los mejores autores, a transformar las letras italianas modernas y a convertirse en un compañero insustituible para tantos y tantos de los mejores espíritus hasta el día de hoy. Tuvo amigos fieles, más afectuosos que capaces de entenderle, y se enamoró del amor varias veces, aunque parece que nunca tuvo la rara suerte de dormir abrazado a una mujer. Se llamó, se llama para siempre, Giacomo Leopardi.

Para buscar su huella más allá de los libros —que son la verdadera patria perdurable de un escritor— vayamos a Recanati, una primorosa ciudad italiana que hoy tiene en torno a los veinte mil habitantes, situada en la provincia de Macerata, en la región de las Marcas, en el centro-oeste del país. Esas torres, esas placitas recóndi-

Palacio familiar de Recanati donde nació Leopardi.

tas, esos sobrios palacios burgueses, esos jardines tan discretos que a veces parecen ocultarse hasta que desembocan en terrazas cuya vista se extiende en ocasiones hasta el mar... ¡Qué hermosas son las pequeñas ciudades italianas, aún no invadidas por el turismo masivo pero que guardan exquisitos tesoros artísticos no menores que los de Florencia o Roma! Por ejemplo, algunos de los cuadros más destacadas de Lorenzo Lotto, un veneciano nacido a finales del siglo XV y que acabó su vida en las Marcas, entre Recanati y Loreto. No se puede pasar por Recanati sin visitar el museo de la Villa Colloredo Mels, donde pueden admirarse tres obras magníficas del pintor veneciano, entre ellas su *capolavoro*, *La Anunciación*, con una composición tan original como subyugante. La Virgen parece sobresaltarse y mirar al espectador como pidiendo ayuda por la súbita irrupción del ángel, mientras un gato inesperado cruza por el centro de la estancia y monopoliza la fugacidad instantánea de la milagrosa ocasión.

Hoy Recanati celebra la memoria de sus dos hijos más ilustres (otros más recientes, como el padre de Leo Messi, aún no tienen rincones de culto). En el siglo XX el recanatense más destacado a escala mundial fue sin disputa el tenor Beniamino Gigli, una de las voces más prodigiosas de la primera mitad del pasado siglo, la cual

recuerdo casi como un arrullo de la infancia porque era el cantante
de ópera preferido de mi padre. Fue un ciudadano comprometido
con su ciudad natal, para la que financió una residencia de ancianos
que sigue hoy prestando sus servicios. Goza de un pequeño museo
dedicado a su figura pública, sus grandes éxitos internacionales y sus
memorabilia en la planta superior del teatro Persiani, centro lírico de
la ciudad cuya sala elegantemente decorada en forma de herradura
(y de una acústica perfecta) merece por méritos propios una visita.
Y más si sabemos que la construcción de este coliseo fue impulsada
por el *gonfaloniere* Monaldo Leopardi, el padre del poeta. No es éste
el único punto de encuentro entre Gigli y Leopardi: en el cementerio municipal destaca la tumba monumental del tenor, del que se
conservan unas frases en las que, al regresar de una de sus giras
triunfales por Nueva York, repasa sus rincones favoritos en la ciudad natal y destacadamente menciona «il colle dell'Infinito», donde
Giacomo escribió el que quizá sea el más justificadamente célebre
de sus poemas.

Porque el otro hijo predilecto de Recanati, sin duda el más distinguido y conmemorado en la ciudad, es Giacomo Leopardi. La
plaza principal, donde están el palacio del ayuntamiento, inaugurado
precisamente en el centenario del nacimiento del poeta, y la torre
del Borgo, construida en el siglo XII, lleva su nombre. En el centro

En la plaza mayor de Recanati, frente al ayuntamiento, hay una hermosa estatua de Leopardi.

se alza su estatua, de una melancolía conmovedora que aumenta cuando los fines de semana vemos a su alrededor el bullicio juvenil que disfruta, ríe y juega a esos escarceos amorosos que a él tanto le faltaron. Y sigue su presencia en cada rincón, con el nombre de sus más celebrados poemas como timbres de gloria a cada paso: aquí se nos señala la torre junto a la que escribió «El gorrión solitario», aquella flecha marca la puerta que lleva al jardín de «El infinito», este hotel se llama «La ginestra» («La retama»), como la elegía que tradujo al castellano uno de sus admiradores, Miguel de Unamuno. Y hay un museo Leopardi, y una tienda de recuerdos Leopardi donde venden pisapapeles con su retrato junto a *T-shirts* decoradas con sus versos, y por supuesto la casa natal del poeta —su cuna, su escuela y su prisión—, con visitas guiadas según horario. A pesar de haberla

Efigie de Leopardi
en Recanati.

Centro de estudios leopardianos en Recanati.

insultado («nací de familia noble en la ciudad más innoble de Italia») y de haberla padecido de mil modos (con más de veinte años sus padres aún no le dejaban salir de casa sin la compañía de algún familiar o preceptor, ocasión que a veces aprovechaban los rapazuelos para seguirle con sus burlas o tirarle furtivas piedras), el corazón de Leopardi nunca se libró de Recanati, quizá porque, como dijo Rilke, la verdadera patria del hombre es su infancia. Y como contrapartida de justicia poética, ahora Recanati ya nunca podrá librarse de la memoria de su hijo disconforme y genial.

Giacomo Leopardi nació el 29 de junio de 1798, primer hijo del conde Monaldo Leopardi, que llegó a ser gobernador de la ciudad, y de la marquesa Adelaida Antici. Le siguieron otros retoños de la pareja, hasta doce según algunos, de los que murieron varios en la primera infancia, como solía pasar en la época. En cualquier caso, para Giacomo sólo contaron los dos hermanos que le siguieron, Carlo y Paolina. El padre era un noble a la antigua, de peluca y espadín al cinto, voluntariosamente arcaico en la defensa de los privilegios cada vez más contestados de la casta aristocrática, lo que le causó sinsabores y hasta tener que huir por un tiempo de la ciudad para no ser ejecutado por los revoltosos. Finalmente acabó recluido en su palacio y llevando una existencia casi monacal, dedicada a las telarañas de una erudición estéril y a escribir de vez en cuando algún panfleto antiliberal contra los nuevos tiempos que corrían (en al menos una ocasión, para colmo, la gente creyó que el fervorín era de su ya famoso hijo, de ideas políticas muy diferentes). La marquesa Adelaida se convirtió en un ama de llaves de severidad parecida a la de *Rebeca*, tacaña en la administración de los gastos domésticos hasta el punto de tener una pieza de madera para medir el perímetro de los huevos que le vendían y evitar sisas. A Giacomo le hizo poco caso y menos mimos; cuando se fijaba en él era para lamentar sus aficiones y quizá, tácitamente, su insignificancia física. Aunque daban de vez en cuando algún banquete, *noblesse oblige*, y procuraban destacar en las procesiones comunales, la vida de los Leopardi transcurría en la cicatería y casi la penuria. Su mayor dispendio recreativo era permitirse de vez en cuando una excursión al cercano santuario de Loreto, lugar de peregrinación durante siglos en Europa y que hoy sigue siendo digno de ser visitado, si no por motivos de piedad, al menos por razones artísticas...

De modo que Giacomo recibió poco o ningún calor materno. Virgilio dijo que aquel a quien su madre no ha sonreído nunca no conocerá tampoco la sonrisa de los dioses, y ello quizá explica algo del posterior pesimismo de Giacomo. Sobre la Naturaleza, el poeta escribió (en «La retama») que es madre en el nacer pero madrastra en el cuidar; tal vez describía así no tanto a la madre impersonal de todos sino a la suya propia. En cambio su padre, aunque no menos rígido e inflexible en las costumbres, sí que le hizo un regalo temprano que fue para él condicionante de su destino, tanto en lo mejor como en lo peor: a los diez años le introdujo en la gran biblioteca del palacio, en gran medida su mayor pasión, que por entonces contaba con unos dieciséis mil volúmenes y llegó hasta los veinte mil. Hoy el visitante puede pasearse por ella, lugar privilegiado que para Giacomo fue paraíso y condena de por vida. Allí pudo encontrar las ideas, las inagotables historias del pasado, el debate de los filósofos y el cantar de los poetas; sobre todo el tesoro de las palabras, en lenguas tanto clásicas como modernas, el instrumento flexible y lleno de matices que puede expresar igual alegrías que dolores, lo mismo plegarias de gratitud que quejas desesperadas. Las palabras fueron el alimento de Leopardi, su arma y su consuelo; su sepulcro. Y desde la ventana de esas estancias llenas de sabiduría, contemplaba la vida ajena de la ciudad que todo lo ignoraba y el paso de alguna muchacha de oficio humilde pero llena de gracia, tras la que se le iban un momento los ojos y un suspiro antes de volver a los doctos volúmenes.

Desde que penetró por invitación paterna en el jardín de los libros, Leopardi mostró auténtica devoción por la lectura. Pero no una lectura pasiva, simplemente acumulativa, sino acompañada de escritura: notas, comentarios, imitación de los autores favoritos... Cuenta su hermano Carlo, con el que compartía dormitorio, que a veces se despertaba a altas horas de la noche y le veía arrodillado junto a la cama, aprovechando el débil fulgor de una vela para seguir leyendo y escribiendo. Estos tempranos esfuerzos sin duda minaron su salud, comenzando a estropear su vista, favoreciendo su asma y también deformando poco a poco su cuerpo, saboteado internamente por una precoz tuberculosis ósea. Pero aún faltaba tiempo para que esos males llegasen a hacerse perentorios... El conde Monaldo, tan rácano para otras cosas, no escatimaba medios en la educación de sus hijos. Los preceptores se sucedían, enseñándoles filosofía, historia, química, zoología...

Como Giacomo demostró enseguida predilección por el griego y el latín, su padre aumentó las obras en lenguas clásicas de la biblioteca. Al adolescente le entusiasmaba Homero, en especial la *Ilíada*, que prefería a la *Odisea*. A los quince años fue capaz de escribir en griego clásico un «Himno a Neptuno» que intentó hacer pasar por antiguo, al modo en que Miguel Ángel fabricó un Cupido y lo enterró para que lo tomasen por una pieza arqueológica. Pero no sólo le tentaban las humanidades, pues con sólo catorce compuso un tratado de astronomía tras consultar una bibliografía de más de doscientas obras. También tuvo un preceptor llegado de México que le enseñó español, y a partir de entonces no se separó de su ejemplar del *Quijote*, con el que luego siempre viajó. Sin descuidar, por supuesto, a los clásicos italianos, entre los que prefería a Petrarca por encima del propio Dante...

Este régimen de estudio intelectualmente desmesurado y escasamente higiénico aceleró —o provocó quizá, a juicio de otros— la ruina temprana de su salud. El cuerpo le quedó raquítico, deformado por una doble giba en la espalda y en el pecho. Agravó su asma congénita. También afectó a su vista, a sus pulmones y desde luego a sus nervios. Le convirtió prematuramente en un valetudinario que apenas pudo disfrutar de la savia fogosa de la mocedad. Porque Giacomo no fue al comienzo un niño amargado ni pesimista sino, al contrario, bienhumorado, dichosamente imaginativo y juguetón, que gustaba de representar personajes y teatralizar lúdicamente su vida. Ese júbilo inicial de sus primeros años lo recogió con nostalgia mucho después en su bellísimo poema «Los recuerdos». Pero poco a poco la frialdad de su madre, que le tachaba de *matto* («loco») al verle retozón, y las exageraciones pedagógicas de su padre, unidas a su deterioro físico creciente, fueron cimentando su visión oscura y cruelmente desesperanzada de la existencia. Tan elocuente después en su desolación: «Todo es mal. O sea, todo lo que existe es mal; que las cosas existan es un mal; cada una de las cosas existe con la finalidad del mal; la existencia es un mal y se ordena al mal; el fin del universo es el mal; el orden y el Estado, las leyes, la trayectoria natural del universo, no son sino mal ni están encaminadas a nada que no sea el mal».

Esa retahíla que todo lo condena es una inversión perfecta (y sin duda buscada como contrapunto irónico) del *valde bonum* que la ortodoxia religiosa predica sobre la creación divina. Una rebelión contra el designio de sus padres, que cuando le vieron con tan clara vocación intelectual y un cuerpo tan poco saludable quisieron encaminarle por la vía eclesiástica. Hasta llegaron a hacerle recibir la tonsura, a él, que fue el menos clerical de los hombres de letras de su siglo. Cuando al final de su vida la autoridad eclesiástica les negó el *publicetur* a sus admirables *Operette morali*, diálogos filosóficos que mezclan razón e imaginación, observó: «Mi filosofía no les ha gustado a los curas, los cuales, aquí y en todo el mundo, bajo un nombre u otro, aún lo pueden todo y lo podrán eternamente». Desde luego, es evidente que no se refería únicamente a los curas que llevan sotana... Es difícil que ningún clérigo aprobase las ideas de Leopardi porque la libertad de su pensamiento le llevó cada vez más hacia las ideas mecanicistas en boga entre los científicos del siglo, hasta convertirse en un materialista decidido. Pero un materialista sin entusiasmo ninguno por la materia, que más bien aborrecía; después de todo, la materia que tenía más cerca era su propio cuerpo, doliente y contrahecho, cuyo aspecto odiaba tanto que hasta descuidaba lavarse con tal de no verlo desnudo... Hombre de paradojas, como toda inteligencia despierta y viva, Leopardi fue un materialista hostil a la materia y un partidario de las libertades y las luces pero que detestaba cordialmente el progreso, las ciencias sociales, lo útil, etc.

¿Y el amor? Giacomo sintió apasionadamente la necesidad de ser amado por una mujer, quizá potenciada por la frialdad de trato que le dispensó su madre. Pero probablemente sus dolencias le imposibilitaban para una respuesta física a cualquier afecto sexual, mientras que su cuerpo anómalo hacía improbable su atractivo en ese campo. De modo que hubo de limitarse a adoraciones distantes que debían conformarse con ser soportado y a venerar «cuanto ellas puedan tener de hospitalario», como diría Antonio Machado. En verso y en prosa canta a la que él mismo designaba como la «mujer que no se encuentra», un ideal exigente e inalcanzable como todos, decantado a partir de las que trató realmente, desde Gertrude Cassi, una prima lejana que irrumpió en Recanati y que le inspiró su «Memoria del primer amor», hasta la florentina Fanny Targione Tozzetti, que prodigaba sus encantos a cualquiera menos a él y a la que cantó en su poema «Aspasia». Se cuenta una anécdota quizá legendaria respecto a esta última, a la que visitaba asiduamente sin atreverse a declarar sus sentimientos: Fanny le regaló un chal y Leopardi después envolvía con él a un jovencito conocido suyo al que, así disfrazado, le declamaba todo lo que no se atrevía a decirle a la señora esquiva. No es imposible detectar así un matiz homosexual en sus afectos retóricos, como indican las efusivas manifestaciones de cariño en cartas a sus amigos Pietro Giordani y sobre todo al fiel Antonio Ranieri, que le acompañó hasta el final y recibió su último suspiro.

Hasta los veinticuatro años, Leopardi permaneció recluso en Recanati. Más adelante, después de algún intento de fuga malogrado (pero tras el cual escribió «El infinito», su cima poética y metafísica, de modo que valió la pena), viajó por fin a Roma, con autorización paterna y dos designios, uno bastante razonable (encontrar un empleo acorde con sus capacidades) y otro más insólito: buscar un marido adecuado para su hermana Paolina. En la capital le alojó su tío Carlo, que a la vez le protegía y le censuraba, en el palacio Antici-Mattei, cerca de la via delle Botteghe Oscure (que a gente de mi edad le suena como sede del comunismo italiano), uno de los más bellos del siglo XVII romano y que sigue actualmente mereciendo la visita. Con la confusa y abigarrada vida familiar en el palacio Leopardi disfrutó poco, y con el trato con la élite literaria romana aún menos. La primera le parecía un zoco y la segunda un circo, pero ambas le fueron insoportables. Acostumbrado a vivir para sí mismo y sus recónditos pensamientos, la frivolidad social no estaba hecha para él.

Prefirió dar largos paseos en solitario por las calles de la ciudad, que tampoco le impresionó tanto como hubiera podido esperarse en un provinciano. Una de sus rutas favoritas era por la via dei Condotti hasta la plaza de España, probablemente haciendo un alto en el antiguo café Greco, también frecuentado por Goethe, lord Byron, Stendhal y, en época más reciente, por Richard Wagner, Orson Welles y todos los visitantes de Roma como usted o yo. Tanto le gustó el lugar que llegó a vivir en esa calle durante su segunda estancia en Roma, como recuerda una placa junto al famoso café. Pero lo que más le emocionó fue su excursión a través de barrios modestos de trabajadores hasta la capilla de San Onofre, en lo alto de una colina romana, donde está humildemente enterrado Torcuato Tasso. Quizá como poeta no fuese comparable a Petrarca o Dante, pensaba Giacomo, pero por su autenticidad humana fue de los primeros de su tiempo... ¡sobre todo comparado con los presuntuosos intrigantes que conoció en los salones! En esta peregrinación a San Onofre no estaba solo, porque le habían precedido nada menos que Goethe y Chateaubriand, como allí confirman sendas placas conmemorativas. Recordando el amargo destino de Tasso, a Leopardi se le saltaron las lágrimas por fraternidad doliente de poeta... Otro momento destacado de su estancia fue la asistencia con la familia Antici al teatro Argentina para ver *La donna del lago* de Rossini, que era su músico preferido, como también de otro gran pesimista del siglo, Arthur Schopenhauer, lo cual no deja de ser curioso tratándose de un compositor tan frecuentemente alegre y siempre vivaz.

La época de los viajes había comenzado para él. Volvió a Recanati sin haber encontrado empleo ni marido para su hermana (como compensación escribió el poema «En las nupcias de su hermana Paolina», la cual realmente nunca se casó), pero meses después partió de nuevo para Bolonia, donde se encontraba más a gusto que en Roma. No deja de leer incansablemente (todos los días procuraba frecuentar al menos unas páginas en italiano, griego y español), sin cesar de escribir en verso y prosa. Desde tiempo atrás, por sugerencia de Giuseppe Antonio Vogel, escribía una especie de diario intelectual de reflexiones a veces aforísticas en las que volcaba lo más personal de su alma y que llamó «Zibaldone», algo así como «popurrí» o «mescolanza». Dedicaba mucho tiempo a esta obra informe, que al final de su vida llegó a tener más de cuatro mil páginas. Tras Bolonia fue a Milán y después a Florencia, en cuyos círculos intelectuales trató por fin a escritores de verdadera categoría, como el reputado Alessandro Manzoni y el todavía casi desconocido Stendhal. Aún más importante para su vida, trabó una amistad perdurable con el joven Antonio Ranieri. Y luego fue a Pisa, quizá la ciudad que más le gustó de todas y en la que escribió su oda a Silvia, uno de sus poemas amorosos mejor logrados.

Regresó fugazmente a Recanati, pero enseguida, invitado por sus amigos toscanos que le ofrecían residir allí, se encaminó de nuevo a Florencia y ya no volvió nunca a su tierra natal. No se entendía —nunca se entendió realmente— con sus padres, y sus hermanos Carlo y Paolina, con los que había mantenido una complicidad juvenil, se iban distanciando cada vez más de él. Sin embargo, siguieron muy presentes en su memoria los años de la infancia, como demuestra en su confesión lírica «Los recuerdos», delicado y melancólico en sus reminiscencias infantiles aunque sin ocultar cuánto le hicieron sufrir sus compatriotas. Y sin embargo:

> ¡Oh esperanza, esperanza, ameno engaño de mi
> primera edad! Hablando, siempre a vosotros vuelvo;
> que aunque pase el tiempo y cambien los afectos, las
> ideas, olvidaros no puedo.

Torre del Passero
Solitario en Recanati
mencionado en el
famoso poema.

A pesar de su profundidad conceptual, la poesía de Giacomo
Leopardi nunca es rebuscada y altisonante. Su vocabulario es sobrio,
muy medido, aunque pudiera haberse temido que sus conocimientos clásicos le hicieran caer en tentaciones grandilocuentes. A veces
opta por una sencillez que le acerca a la copla popular, de ingenui-
dad sabia. Pese a sus achaques de salud, cada vez más dolorosos y
múltiples (el peor de todos, por su relación con la lectura y la escritura, la debilidad creciente de su vista), no deja de componer nuevos poemas y diálogos filosóficos (que para mi gusto figuran entre
lo más original de su obra y que quizá sirvieron en parte de inspiración a los *Diálogos en el limbo* de George Santayana, entre otras
influencias) y de aumentar su ya desbordante *Zibaldone*. Viaja entre Florencia, Roma y Bolonia, donde es nombrado diputado de la

Asamblea Nacional. Siempre fue un patriota italiano en el mejor y más ilustrado sentido del término, que lamentaba amargamente la decadencia de su país: «Llora con razón, Italia mía, para vencer nacida, en la buena fortuna y en la mala...».

Durante esos años se hizo cada vez más estrecha su amistad con Antonio Ranieri. Finalmente, en 1833 ambos se fueron a Nápoles, ciudad y paisaje con los que Leopardi experimentó un amor a primera vista. Que le gustase la vista del bellísimo golfo, flanqueado por el Posillipo y cerrado al fondo por la mole sombría del Vesubio, con Capri a lo lejos, no tiene nada de extraño; se trata de una de las perspectivas más alabadas de Europa al menos desde la época de los emperadores romanos. Pero lo notable es que también le gustó el bullicio de la ciudad misma, llena de tabernas y burdeles, donde pululaban comilones, juerguistas, ladrones, alcahuetes y meretrices, entre el hedor de una basura acumulada que yo creo que nadie se ha molestado en recoger desde entonces. Pero sin duda un espacio prodigiosamente vivo, donde junto al más infame cuchitril se alza un espléndido palacio o una capilla que alberga cierto Caravaggio insuperable.

La bahía de Nápoles.

Quizá el atribulado poeta, enfermo crónico de los males más dañinos, sintió por un momento que la vivacidad de Nápoles podía revitalizarle por contagio. Y como las piernas eran sus instrumentos físicos en mejor estado, paseó incansablemente por las calles y callejas, por las plazas, por todos sus rincones. Leopardi siempre fue un *flâneur* entusiasta. Pero no sólo disfrutaba de la villa paseando y contemplando, sino también con el sentido del gusto: le encantaban sus dulces y helados, el requesón frito, los guisos de sesos y las rosquillas de vino, los tortellini de carne, las alcachofas fritas, las mil especialidades de esa urbe tragona y hedonista. Hasta creyó por un tiempo —ilusoriamente, ay— que su cuerpo mejoraba y que lograba recuperar la salud de la que nunca disfrutó.

Dejando aparte su infancia, fue quizá la época más dichosa de su vida. Ranieri y él cambiaron varias veces de domicilio y Leopardi pasó varios meses en una villa que el cuñado de Ranieri tenía en Torre del Greco, en las faldas del Vesubio. El volcán le fascinaba y sin duda subió muchas veces por sus pendientes oscuras, cubiertas de lava encallecida, hasta la gran boca entonces silenciosa pero de la que ascendían de vez en cuando ominosos y ligeros torbellinos de humo blanco, como sigue ocurriendo hoy. Y allí descubrió la retama, esa planta blanda, flexible y fragante que sabe crecer en los terrenos menos acogedores, que se las arregla para florecer hasta en los áridos lomos del gigante volcánico, y que se convirtió por medio de un poema magistral en la última metáfora de su propia existencia. «La retama» quizá sea el tratado de paz de Leopardi con el destino humano. Esa planta humilde y resistente está contenta en los desiertos y se amolda al paisaje implacable en que debe crecer. Busca las grietas donde afianzar sus raíces, se amolda al terreno. Lo acepta, no trata de reformarlo ni se desespera en tanta aridez. A diferencia del hombre, no maldice su destino ni se considera injustamente maltratada con la forma de vida que le corresponde. Aún más, difunde generosamente su aroma dulce como una bendición a lo que la rodea. Es su manera vegetal de mostrar compasión por cuanto sufre, por lo inevitable y hasta lo fatal. Quizá ése fuera también el último ideal de Leopardi, una resignación compasiva distinta de la gorjeante dicha que fingen los pájaros a los que cantó años atrás: «La idea de

Villa delle Ginestre cerca de las laderas del Vesubio.

la felicidad es siempre un engaño. Todas las ilusiones, las maravillosas y coloreadas ilusiones, son engaños; y sin embargo constituyen la parte esencial de nuestra existencia, sin la cual no nos quedaría sino morir».

También en la sonriente Nápoles acosaron al poeta inquisiciones, murmuraciones malintencionadas, enemistades probablemente nacidas de la envidia. Además, llegó la epidemia de cólera, de la que ocasionalmente Ranieri y él se protegían en la villa de Torre del Greco. Hicieron planes de huida, a Palermo, de nuevo a Toscana..., pero nada llegó a concretarse. En 1837 los dos amigos volvieron a Nápoles, creyendo que ya había terminado la epidemia tras haber matado a miles de personas en la ciudad. Pero hubo un rebrote que volvía a aconsejar refugiarse en la villa vesubiana, aunque Ranieri ya no logró convencer a su amigo de ese prudente traslado. Giacomo estaba demasiado débil, pese a que se mostraba suavemente contento, casi alegre. Por las tardes charlaba de filosofía con Ranieri, mientras disfrutaba de los dulces que tanto le gustaban. La muerte avanzaba, imparable. El 14 de junio ya no se levantó de la cama y se despidió

Tumba de Leopardi en
el parque Virgiliano
en el Posillipo.

de su fiel compañero: «Adiós, Tottono, ya no veo la luz». Se apagó
para siempre. Tenía treinta y ocho años.

A los pies del Posillipo, en los jardines del parque Virgiliano
donde, según quiere la leyenda, está la tumba del autor de la *Eneida*,
Ranieri costeó un elevado monumento para que en él yaciesen los
restos de su amigo. Años más tarde fue abierto y se encontraron
sólo unos pocos huesos, entre los que no se hallaba la calavera. Hay
quien supone que en prevención de la peste el cadáver de Leopardi
fue en realidad arrojado a la fosa común, como ocurrió con otro

joven genial, Mozart. ¡Quién sabe! Para nosotros, ésa es la tumba del poeta, que se alza en un grato y escalonado jardín que hoy eligen las parejas de jóvenes napolitanos para amparar amores furtivos. Pero aunque pasearemos hasta allí y apoyaremos la frente en esa piedra fría, es en sus obras donde le encontraremos: profundo, trémulo, in-confundible.

ROMA - NÁPOLES	**243 KM**	**2 H. 40'**
NÁPOLES - ISLA DE CAPRI		(FERRY)
NÁPOLES - TORRE DEL GRECO	**19 KM**	**32'**
TORRE DEL GRECO - VESUBIO	**13 KM**	**35'**
TORRE DEL GRECO - POMPEYA	15 KM	22'
NÁPOLES - MACERATA	**402 KM**	**4 H 20'**
MACERATA - RECANATI	21 KM	37'
RECANATI - LORETO	**6.5 KM**	**11'**
LORETO - PUERTO DE RECANATI	5.5 KM	9'
PUERTO DE RECANATI - URBINO	**119 KM**	**1 H 28'**
URBINO - FLORENCIA	**184 KM**	**3 H 02'**
FLORENCIA - PISA	88 KM	1 H 13'
FLORENCIA - BOLONIA	128 KM	1 H 32'
BOLONIA - RÁVENA	**76 KM**	**57'**
BOLONIA - VENECIA	**157 KM**	**2 H 09'**
VENECIA - MANTUA	**157 KM**	**2 H 06'**
MANTUA - MILÁN	**188 KM**	**2 H 05'**

MILÁN

MANTUA VENECIA

LONIA

RÁVENA

PISA FLOREN BINO

PUERTO DE RECANATI

MACERATA RECANATI

NÁPOLES

TORRE DEL GRECO

CAPRI

VESUBIO POMPEYA

Agatha Christie

AGATHA CHRISTIE
GREENWAY ROAD, GALMPTON, BRIXHAM
DEVON TQ5 OES
REINO UNIDO

¡HUY, NO ME HAGA CALCULAR MONSIEUR POIROT! DESDE LUEGO MUCHOS... O MUCHÍSIMOS, COMO PREFIERA.

MISS MARPLE, PERMÍTAME UNA INQUIETUD: ¿CUÁNTOS CRÍMENES HAN OCURRIDO CERCA DE USTED?

A MÍ ME PASA LO MISMO, LOS CRÍMENES ME SIGUEN, ME RODEAN. ¿NO ES CURIOSO?

BUENO, NO TANTO. USTED ES UN CÉLEBRE DE-TECTIVE Y YO, MODESTAMENTE, TAMPOCO INDAGO MAL. ES LÓGICO QUE NOS LLAMEN CUANDO OCURRE...

¡PERO SI NO HACE FALTA QUE NOS LLAMEN! BASTA QUE ESTEMOS EN UN LUGAR PARA QUE SUCEDAN ATROCIDADES. ESO ME HACE PENSAR...

¡YA OIGO EL ZUMBI-DO DE LAS PEQUE-ÑAS CÉLULAS GRISES!

NO BROMEE MADEMOISELLE. PIENSO QUE QUIZÁS USTED Y YO SEAMOS LOS VERDADEROS CULPABLES DE TODOS ESOS DELITOS, AÚN MÁS QUE QUIENES LOS COMETEN.

¡VAMOS POIROT! EN TAL CASO HAY ALGUIEN MUCHO MÁS CULPABLE QUE NOSOTROS...

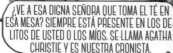

¿VE A ESA DIGNA SEÑORA QUE TOMA EL TÉ EN ESA MESA? SIEMPRE ESTÁ PRESENTE EN LOS DE-LITOS DE USTED O LOS MÍOS. SE LLAMA AGATHA CHRISTIE Y ES NUESTRA CRONISTA.

¡CLARO, ELEMENTAL MISS MARPLE! AUNQUE AHORA CAIGO QUE EL VERDADERO CULPABLE ES OTRO, EL QUE NUNCA FALTA CUANDO SE CUENTA CUALQUIER ASESINATO, EL QUE DIS-FRUTA CON TODOS...

...¡EL LECTOR!

Crímenes y buenas costumbres

Ella meneó la cabeza:

—Existe mucha perversidad en la vida de un pueblecito, y espero que vosotros los jóvenes no lleguéis a saber nunca lo malvado que es el mundo.

Hay discusión acerca del origen de la narración detectivesca. Algunos lo remontan a la Biblia, hasta aquel episodio del libro de Daniel en que el profeta descubre que no es Baal quien consume los alimentos que se le ofrecen sino sus sacerdotes, a los que desenmascara esparciendo granos de trigo por la noche en torno al ídolo, donde a la mañana siguiente pueden verse huellas de pies furtivos. Para otros, más helénicos, el padre de todos los detectives y también el más desventurado es Edipo, que sabe responder al enigma de la Esfinge para luego descubrir que el asesino de su padre no es otro que él mismo. Son hipótesis ingeniosas y eruditas, aunque bastante caprichosas. Yo creo que el género es moderno y exige un crimen misterioso, pero también el ajetreo mestizo de las grandes urbes mecanizadas que aparecen en el siglo XIX y el choque entre los métodos rutinarios de los cuerpos policiales recién inventados y sus competidores privados, de un racionalismo más científico e innovador. De modo que suscribo plenamente la opinión de Jorge Luis Borges, entre otros, que convierte al Auguste Dupin de Edgar A. Poe en el primer detective de la *via modernorum*. Después, si queremos, viene el inconcluso e irresuelto *Misterio de Edwin Drood* de Dickens, truncado por su muerte, y *La piedra lunar*, la magnífica novela de Wilkie Collins (Borges la elogió como «la más larga y quizá la mejor de las novelas policiales», aunque, hoy que los autores nórdicos gustan tanto de longitudes extenuantes, al menos la primera calificación es discutible). Luego los demás, éstos y aquéllos, muchos otros, hasta llegar a Sherlock Holmes y el comienzo del gran esplendor.

Aunque en un principio el género literario se consideró patrimonio casi exclusivamente masculino, pronto las escritoras fueron ocupando posiciones destacadas y en la edad de oro de las novelas detectivescas ellas fueron las preferidas de los lectores. Una de las pioneras fue la baronesa D'Orczy, la inolvidable creadora del aventurero Pimpinela Escarlata, con su serie de relatos «El hombre del rincón», el primer investigador que resuelve los misterios sin moverse de su sillón (como después haría el Nero Wolfe de Rex Stout), y también «Lady Molly de Scotland Yard», pionera intrépida de las mujeres policías que ahora tanto se prodigan. Más tarde la erudita Dorothy L. Sayers, Margery Allingham, Ngaio Marsh y naturalmente, por encima de todas, Agatha Christie. No deja de ser curioso que fuese precisamente esta señora, que siempre se consideró antes ama de casa que novelista y que tardó bastante en desarrollar su conciencia profesional literaria, quien obtuvo el mayor éxito popular como escritora. No un éxito ocasional y relativo, sino duradero e indiscutible: es la autora inglesa más traducida después de Shakespeare y sigue ostentando el récord de ejemplares vendidos de sus obras más de un siglo después de sus primeros éxitos. Todavía hace muy poco, la noticia de que sus albaceas habían autorizado la resurrección de Hércules Poirot a una joven escritora inglesa (*Los crímenes del monograma*, de Sophie Hannah) se ha convertido en noticia de primera plana de los suplementos culturales en todos los diarios importantes. A despecho de los exquisitos, que siempre la han desdeñado, Agatha Christie es un fenómeno literario porque la literatura no sólo es caviar sino también sardinas en escabeche: un surtido de alimentos espirituales que hace gozar a gente muy distinta y atiende necesidades diferentes sin dejarse coartar por criterios excluyentes de los inquisidores del buen gusto.

Agatha Mary Clarissa Miller (que tal fue su nombre de bautismo antes de adoptar el literario por el que hoy la conocemos) nació en la gran casa llamada Ashfield, rodeada por dos acres de terreno propio y situada en Torquay, en el sur de Devon, Inglaterra. Era hija de un norteamericano cuya única profesión fue la hoy improbable de *gentleman*, que nunca tuvo la tentación de trabajar en toda su vida y que vivía de unas rentas que disminuían constantemente gracias a la mala administración, de la que nunca se ocupó. Su madre, Clarissa, pero conocida siempre como Clara, era hija de un militar inglés y tuvo otros dos hijos, varón y hembra, ambos mayores que Agatha, a la que llevaban once y diez años. En principio Ashfield iba a ser sólo una residencia veraniega, pero pronto se convirtió en domicilio permanente. Esa mansión natal, a la que a veces acudían Rudyard Kipling o Henry James a tomar el té, quedó guardada para siempre en el corazón de Agatha como el paraíso en la Tierra. En sus últimos años trató de rescatarla del destino que hoy la aflige, ser un bloque de apartamentos y desde luego no especialmente hermosos. En sueños, la escritora —que tuvo después muchas otras moradas nada desdeñables y gozó decorándolas— siempre volvía a *su* Ashfield. El mejor retrato de su infancia y de esta larga devoción lo encontramos en su *Autobiografía*, publicada póstumamente y que con su mezcla puntillosa de candor y ocasional malicia es una lectura deliciosa y, sin duda, literariamente lo mejor que nunca escribió.

El destino fue bastante piadoso con el ocioso *gentleman* Frank Miller, el estadounidense asimilado a la vida de club en Inglaterra: cuando empezó a comprender que los malos administradores de sus rentas le habían arruinado, murió oportunamente de un infarto a los cincuenta y cinco años. Su familia, en cambio, quedó en bastante peor posición. Se acabaron las abundantes cenas que daban varias veces por semana en la casa y los viajes de placer que el matrimonio emprendía frecuentemente, dejando a los niños con la eficiente servidumbre. Aunque apoyados por una hermana del padre adinerada, la *aunt grannie* o tía-abuela de Agatha, que fue una influencia notable en la primera etapa de su vida, tuvieron que reducir notablemente gastos y comenzar a pensar en que los hijos buscasen trabajos remunerados. El hermano optó por la carrera militar, tras fracasar en otras, y terminó destinado en la India, mientras que la hermana prefirió casarse con un comerciante adinerado de Manchester que le prometía una vida más o menos del nivel que había conocido. Ninguno de ellos tenía la fijación en Ashfield de Agatha, que se quedó sola con su madre. Sus hermanos habían ido a la escuela, pero ella nunca recibió una educación regular, sino que tuvo que contentarse con tutores domésticos y profesores particulares. Sin embargo, su madre le concedió bastante libertad para aquella época y sobre todo le inculcó la idea de que podría ser lo que se propusiese. Juntas pasaron alguna temporada en Francia y hasta se instalaron durante breve tiempo en Egipto, donde la vida era más barata que en la metrópoli, aunque en esa primera estancia Agatha no mostró ningún interés por la arqueología, que más tarde debía apasionarla. La chica destacaba en matemáticas (quizá de ahí le vino luego la maestría en urdir y resolver problemas) pero sobre todo en música. Llegó a tocar el piano y a cantar con auténtico virtuosismo, y, si no hubiera sido por una timidez que la bloqueaba en las actuaciones ante el público, podría haber seguido una carrera profesional en los escenarios.

Por lo demás, le encantaba nadar y bailar. Torquay era y sigue siendo una ciudad balneario a la antigua usanza, con grandes hoteles señoriales dotados de playas privadas y salones para celebrar fiestas elegantes y recatadas. Alta, trigueña y con bellos ojos azules, a pesar de su timidez Agatha despertaba un vivo interés entre el elemento masculino que la frecuentaba. Estando semicomprometida con un mayor de fusileros, conoció a un joven teniente de artillería que le gustó mucho más, Archibald Christie. A los tres meses de conocerse, tras un concierto wagneriano interpretado por la orquesta municipal de Torquay en el Pavilion —una sala que aún hoy sigue conservando su encanto arquitectónico de comienzos del pasado siglo a pesar de haberse convertido en *shopping centre*—, formalizaron su relación. El noviazgo duró más de un año, pero el estallido de la Primera Guerra Mundial aceleró finalmente el matrimonio. Pasaron la noche de bo-

El Gran Hotel de Torquay, donde pasó Agatha Christie su primera luna de miel... de una sola noche.

das en el Gran Hotel de Torquay, que ahora mismo sigue presidiendo con su mole elevada y casi escurialense la bahía de la ciudad, pero no tuvieron luna de miel porque el teniente Christie tuvo que reincorporarse inmediatamente a su unidad como piloto del Royal Flying Corps. La recién casada también quiso ser útil a su país: como el ayuntamiento de Torquay se había convertido en un hospital de guerra, ella se ofreció voluntaria como enfermera y así cumplió un sueño de su infancia. Todos coinciden en que desempeñó su papel con gran competencia, hasta el punto de que podría haber sido una excelente enfermera profesional. Y la práctica le sirvió para aprender todo lo que había que saber sobre venenos, una información que luego rentabilizó muy bien. En sus novelas fallan a veces detalles de la trama o hay descuidos en la explicación de los misterios, pero nadie ha podido nunca ponerles peros a la dosificación y efectos de sus ponzoñas...

El Archie que volvió de la guerra, condecorado por su valor, era mucho más frívolo que cuando se fue: ya había arrostrado bastantes penalidades y sólo quería una vida alegre, sin complicaciones. En cambio, su experiencia como enfermera hizo a Agatha más seria y reflexiva. Aunque poco tenía de feminista en lo ideológico, no estaba dispuesta a ser simplemente una esposa sin aventura propia. Aunque nadie le había dado una medalla, quería que se le reconociese su trabajo responsable durante la contienda. Siempre le habían apasionado los avances técnicos y no le importaban los riesgos que entrañaban: le encantaba conducir un auto e incluso años atrás convenció a su madre para que se gastase unas libras en proporcionarle un breve vuelo en uno de los primeros aviones de la época. Mientras su marido, ahora con un puesto burocrático en el Ministerio del Aire que les obligó a abandonar Devon e instalarse en un pequeño piso en Londres, empezaba a apasionarse por el golf, ella decidió intentar algo nuevo. Le gustaban mucho las novelas policíacas, cuyos máximos exponentes eran entonces Sherlock Holmes, Arsène Lupin y el Rouletabille de Gaston Leroux. Alguna vez ya había bromeado con su hermana sobre la posibilidad de escribir algo así, y después de su experiencia como enfermera se sintió más capaz de hacerlo. De modo que puso manos a la obra, casi como un juego, y comenzó *El misterioso caso de Styles*, su primera obra. Durante la guerra había conocido a bastantes refugiados belgas, y eligió para protagonizar su relato

Esta mansión, hoy Scotswood, fue la casa llamada Styles, para la primera novela de Agatha Christie. Aquí se rompió el primer matrimonio de la escritora.

a un viejo policía jubilado de dicha nacionalidad, bautizado algo irónicamente, pero para una imprevisible y casi eterna posteridad literaria, como Hércules Poirot.

Hagamos un breve paréntesis para decir algo sobre el personaje. Casi todas las escritoras del género detectivesco han idealizado a sus investigadores protagónicos e infalibles. El lord Peter Wimsey de Dorothy L. Sayers, el Albert Campion de Margery Allingham, el inspector jefe Roderick Alleyn de Ngaio Marsh o el también inspector Adam Dalgliesh de P. D. James, que además es poeta, son algo así como varones sublimados o, si se quiere, novios perfectos: todas sus creadoras demuestran estar más o menos enamoradas de ellos. Son jóvenes, guapos, ingeniosos, dotados de gran sentido del humor y desde luego seductores. Pero Hércules Poirot, en cambio, es viejo (sólo este detalle lamentó haberle atribuido su autora, porque su perpetuidad novelesca le hizo morir con más de cien años...), bajito, calvo, con cabeza de huevo y risibles bigotes engominados, vanidoso, poseído por tics verbales y desde luego alejado de —casi opuesto a— cualquier encanto romántico. Muy inteligente, pero virilmente nada atractivo: es evidente que su autora nunca fantaseó con él como perfecto compañero de lecho, ni siquiera conyugal. Por el contrario, más bien, parece que al comienzo le encantaba dispararle dardos satíricos, basados en una caricatura del francés comedor de ancas de rana típico de los prejuicios ingleses, aunque en las últimas entregas se resignó a él y le respetó un poco más. En cualquier caso, el personaje nunca fue adorado por su creadora, pobre Hércules, y hasta inventó después a Miss Marple como contrafigura encantadora e intuitiva del insoportable racionalista continental y sus cargantes «células grises»...

Para escribir su primera novela Agatha Christie se aisló en un hotel situado en el páramo de Dartmoor (sí, el mismo que Conan Doyle había elegido como inolvidable territorio de caza de su sabueso de los Baskerville) y allí la acabó en poco más de quince días. Se inspiró parcialmente en su experiencia como enfermera y recibió algunos consejos de Eden Phillpotts, prolífico novelista y dramaturgo amigo de la familia, que también escribió algunas obras de misterio, como *Los rojos Redmayne*, incluidas por Borges y Bioy Casares en

El memorial de Agatha
Christie en Londres,
acompañada de Poirot
y Miss Marple.

su colección de «El séptimo círculo». Una vez concluida, la novela de Agatha rodó por varios editores que la rechazaron, porque en aquellos días una novela detectivesca escrita por una mujer no era demasiado apetecible. Finalmente, dos años después de haber sido escrita y cuando su autora ya casi la tenía olvidada, *El misterioso caso de Styles* apareció en las librerías, sin ningún revuelo especial. Un año antes Agatha había dado a luz a su única hija, Rosalind, y poco después dejó a la niña con su madre e inició una larga vuelta al mundo con su marido, aprovechando la oportunidad que les brindaba un excéntrico comerciante que había tomado a Archie como asistente (y al que años después Agatha retrató como el malvado de una de sus obras). Porque durante ese tiempo Agatha siguió escribiendo novelas, aunque siempre como pasatiempo y sin esperar lucrarse con ellas: en la segunda, *El misterioso señor Brown*, aparecen por primera vez Tommy y Tuppence Beresford, una pareja más aventurera que puramente detectivesca que medio siglo después protagonizará también su última narración; luego vinieron *Asesinato en el campo del golf*, *El hombre del traje color castaño*, *Poirot investiga*, *El secreto de Chimneys*... Poirot continuaba siendo el principal protagonista, acompañado del pundonoroso y poco imaginativo capitán Hastings en oficio del inevitable Watson. Aunque sin haber conseguido ningún éxito sensacional, el de Agatha Christie ya era un nombre conocido entre los aficionados al género y contaba con fieles lectores. Uno de ellos era nada menos que lord Mountbatten, que luego desempeñaría el cargo de último virrey de la India, y que en cierta ocasión le sugirió de pasada la idea de un relato narrado en primera persona por el propio asesino (algo parcialmente apuntado ya en su segunda novela). A partir de esta sugerencia, o quizá por una inspiración previa, Agatha escribió *El asesinato de Rogelio Ackroyd*, no sólo una indiscutible cumbre del género sino también una de las piezas de entretenimiento inteligente más populares de todos los tiempos. Ahora sí, su nombre se hizo finalmente famoso, casi a pesar de ella misma, y ya nunca dejó de serlo.

Pero el mismo año 1926 en que publicó su primer *best-seller* tuvo su contrapartida en desventuras. Para empezar murió Clara, su madre, en quien tanto se había refugiado desde niña y que siempre había sido el puntal de su mundo. Después resultó que Archie, su marido, se había convertido casi en un desconocido en su propia casa porque pasaba días y semanas dedicado obsesivamente al golf. Al principio ella le acompañó (y así se documentó para la novela de Poirot ambientada en los *links*), pero más tarde la afición del buen hombre se volvió tan maniática que renunció a seguirle y se refugió en la escritura y el cuidado de su hija, regresando a su añorado Ashfield. Archie se quedó solo en Londres, pero cuando volvió a Torquay para el cumpleaños de su hija, le comunicó a Agatha que se había enamorado de otra, una secretaria de veinticinco años, y que quería divorciarse. Lo que hoy es un trámite incluso demasiado trivial, en aquellos años era un escándalo difícil de asumir. Agatha se negó rotundamente a separarse del padre de su hija, convencida —o queriendo estarlo— de que antes o después volvería al redil conyugal, pasado el capricho erótico. Pero, lejos de ello, Archie se hizo cada vez más apremiante en su demanda de libertad, mientras seguía viendo constantemente a su reciente amor. A finales del año fatídico, cuando la nueva pareja estaba pasando un fin de semana en casa de unos amigos cómplices, Agatha Christie desapareció. Su auto Morris fue encontrado cerca de Guilford, en Surrey, pero ni rastro de su dueña. Como ya era una escritora bastante conocida, el asunto se convirtió en portada de todos los diarios, con los añadidos truculentos o picantes del caso. La policía se movilizó en una amplia búsqueda, temiendo un secuestro o, aún peor, un asesinato. Los hubo, naturalmente, que sospecharon del marido, como mandan los cánones. Quizá Hércules Poirot hubiese tardado menos en resolver el asunto, pero durante once días nadie supo dar con la clave del enigma. Al cabo de ese tiempo, un cliente del Swan Hydropathic Hotel de Harrogate (hoy se llama Old Swan Hotel y no parece haber cambiado demasiado desde entonces, más allá del nombre) identificó a una de las huéspedes como Agatha Christie por las fotografías publicadas en la prensa. Se había registrado allí precisamente con el nombre de su joven rival amorosa... Qué fue lo que

El Old Swan Hotel, donde permaneció Agatha Christie durante su enigmática «desaparición».

pasó realmente sigue envuelto en cierto misterio. Se ha hablado de amnesia pasajera producida por una depresión nerviosa y explicaciones semejantes. En su *Autobiografía*, la escritora no dedica al incidente ni la más leve mención. Lo cierto es que bastantes reprocharon a la policía y a la propia interesada el exagerado despliegue de la búsqueda y el daño producido al erario público. En aquellos benditos tiempos la publicidad por vías de choque no siempre era deseable, y la sobredosis provocada por el caso reforzó aún más la timidez de Agatha, que a partir de entonces rehuyó a la prensa y los fastos sociales casi hasta el día de su muerte.

El divorcio subsiguiente fue traumático (entonces el adulterio era la única causa admitida, y hubo que teatralizar uno de Archie con una camarera para conseguirlo), hasta el punto de que Agatha pidió a sus editores que sus siguientes novelas aparecieran con otro nombre. Pero «Agatha Christie» era ya una marca acrisolada en el género y hubo de resignarse a conservarlo, aunque inició otra línea de publicaciones no detectivescas, más o menos costumbristas y algo empalagosamente románticas, bajo el *nom de plume* de Mary Westmacott. Por lo demás, el viejo Poirot y demás compañía indagatoria siguieron acudiendo a la cita con sus seguidores en obras que al principio acusaron el malestar de la autora (por ejemplo *Los cuatro grandes*, un fiasco con pretensiones de relato de espías, o *El misterio del tren azul*, flojísima). Pero ya en 1930 había recuperado el buen pulso, lanzando dos nuevos protagonistas al ruedo. El primero de ellos, Mr. Harley Quin, tiene tintes semisobrenaturales y aparece en una colección de narraciones muy notables como mediador en amores desdichados, lo cual algo tiene que ver sin duda con la herida en el alma de la escritora. Pero es con *Muerte en la vicaría*, una de las mejores de la serie, cuando Agatha acierta creando a la apacible pero inquisitiva Miss Marple, cuyo campo de trabajo es el ultrainglés pueblecito de St. Mary Mead, con sus *cottages* floridos y encantadores, que a menudo albergan siniestros misterios. Todo lo que respecto de Poirot es irónico distanciamiento, a veces casi cruel, es simpatía indisimulada de Agatha hacia esta viejecita que confía más en su intuición y experiencia desencantada del mundo que en la deducción pura.

Y entonces, como si fuese uno de sus propios personajes, Agatha Christie se embarca en el Orient Express y parte hacia oriente para visitar Ur, la antigua ciudad sumeria próxima a Bagdad donde llevaba a cabo sus excavaciones el carismático arqueólogo Leonard Woolley y su dominante esposa Katharine, que tomó a la novelista bajo su imperiosa protección. Entonces descubrió Agatha la grandeza desolada del desierto y también el atractivo de las excavaciones arqueológicas, esa otra forma de pesquisa detectivesca que trata de reconstruir los sucesos de un pasado mucho más antiguo que el que ningún otro policía se atreve a frecuentar. Uno de los auxiliares de Woolley es un joven prometedor, Max Mallowan, de hablar pausado y suave discreción. Nunca ha leído ninguna novela policíaca, ni de Agatha Christie ni de nadie, y cuando Katharine Woolley insiste en que debe leer al menos *El asesinato de Rogelio Ackroyd*, se excusa diciendo que ya le han contado quién es el asesino... Sin embargo, aunque no le interesa el género (sólo lee obras científicas de su campo de trabajo), sí que muestra interés por la novelista. Pronto recorren juntos las excavaciones y él la instruye en los entresijos del mundo mesopotámico y egipcio. Se bañan juntos —púdicamente vestidos para la ocasión, claro— en algún precioso lago y él se ofrece a acompañarla a Grecia, para visitar juntos Atenas y Delfos. Pero, al llegar a la capital griega, Agatha recibe una serie de telegramas alarmantes de su hermana que la informan de que su hija Rosalind está gravemente enferma de neumonía, una dolencia que entonces revestía mucha más gravedad que hoy. Abandonaron el plan de Delfos y volvieron apresuradamente a Londres, primero en el Orient Express hasta París y luego, gracias a una ayuda económica de la madre de Max, que vivía allí, en avión hasta Inglaterra. Al llegar, afortunadamente, se encontraron con que Rosalind estaba ya fuera de peligro y casi repuesta. Pero esa emergencia estrechó los lazos entre ambos, hasta el punto de que decidieron casarse a pesar de la diferencia de edad (él era catorce años más joven). Rosalind dio su beneplácito, aunque con la seriedad de sus once años advirtió a su madre de que el compromiso implicaba dormir en la misma cama con Max. Agatha la tranquilizó diciendo que era consciente de ese requisito...

Y entonces comenzó para ella una época de serena plenitud.
Desde el punto de vista creador, escribió algunas de sus piezas más
memorables: *La muerte de lord Edgware*, *El misterio de la guía de ferroca-
rriles* y la celebérrima *Asesinato en el Orient Express*, que es algo así
como la *Fuenteovejuna* de Poirot. El pasatiempo literario se había
convertido indudablemente en una notable fuente de ingresos. Com-
praron el hermoso y confortable *cottage* Winterbrook en Wallingford,
en principio para que Max Mallowan trabajase a gusto, pero fue en el
que Agatha escribió buena parte de sus mejores novelas. Ahora la
casa ajardinada es una residencia particular y no conviene olvidarlo:
cuando preparando este libro, y alentados por la placa que conmemora la estancia de la autora en el lugar, nos aventuramos en el jardín

Winterbrook, la casa
de Agatha Christie y
Max Mallowan, en la
que ella escribió gran
parte de su obra.

A Winterbrook hay que acercarse con cuidado, sus actuales inquilinos son poco acogedores...

(la puerta estaba abierta) para sacar algunas fotografías, fuimos expulsados con cajas destempladas por un energúmeno que parecía dispuesto a cometer *in situ* un asesinato justiciero como otros que allí se narraron. Poco después, Agatha se resignó a vender Ashfield y comprar en condiciones ventajosas la bella residencia de Greenway, sobre el río Dart, rodeada por amplias zonas verdes que ella ajardinó y en cuyo reposo se encontraba tan feliz que ni siquiera necesitaba escribir. Bajo la mansión, un embarcadero en el que se cuenta que sir Walter Raleigh solía dedicarse al placer inaudito de fumar que él introdujo en Europa, hasta que una criada que le vio humeante creyó que estaba ardiendo y le arrojó un cubo de agua encima. Por otra parte, comenzaron las adaptaciones teatrales y cinematográficas de sus obras. *El asesinato de Rogelio Ackroyd* pasó a los escenarios como *Alibi*, interpretado nada menos que por Charles Laughton. A Agatha no le convencía que la mayoría de los Poirot de la escena (¡y luego de la pantalla!) fueran demasiado enormes y voluminosos. Aún menos le gustó la versión que la divertida y no menos enorme Margaret Rutherford ofreció de Miss Marple en cuatro películas que entretuvieron mucho al público, pero que poco tenían que ver ni con las novelas ni con el personaje. Y es que el éxito, como decía mi amigo Cioran, siempre encierra una alta dosis de malentendido...

Entonces, imprevisible y brutal, como suele ocurrir, estalló la Segunda Guerra Mundial. El bueno de Max Mallowan se ofreció animosamente para el servicio de armas, pero era ya bastante mayor, nada entrenado y además, pásmense, poco *inglés* para la patriótica tarea. A pesar de tener un aire más británico que el Big Ben, el arqueólogo era hijo de un húngaro y una francesa, de modo que se le encarriló hacia tareas más burocráticas y pasó por el Ministerio del Aire hasta acabar en una oficina de El Cairo, un paisaje y un paisanaje que no le eran desconocidos. Agatha, aunque desasosegada por su partida, siguió escribiendo y produjo varias obras excelentes, como *La muerte visita al dentista*, *Maldad bajo el sol* o *Un cadáver en la biblioteca*. En ninguna de esas obras aparecen menciones destacables del conflicto que vivía entonces Europa. Y menos aún en las dos obras «en conserva» que escribió por entonces, para ser publicadas sólo después de su muerte y asegurar con sus derechos de autor el futuro de su marido y su hija: *Telón*, el último caso de Poirot, y *Un crimen «dormido»*, el último caso de Miss Marple. Aunque el conflicto bélico no se refleja directamente en esas novelas, sí que se presiente en la inquietud por el futuro y la presencia de la muerte de los héroes que las barniza de un tono oscuro... Otras incomodidades no le fueron ahorradas a la autora, cuya casa de Greenway fue requisada y convertida en el cuartel general de las fuerzas norteamericanas en Dartmouth. Como sus otras moradas en Londres no eran seguras a causa de los bombardeos, Agatha tuvo que refugiarse en un piso de Hampstead que le proporcionó un colega de su marido. Tampoco faltó el zarpazo trágico en la familia: Rosalind se había casado con un oficial de los Royal Welsh Fusiliers al comienzo de las hostilidades, casi como su madre en la anterior Gran Guerra. Tuvo un hijo, Matthew, pero dos años después perdió a su marido en acción bélica. Y es curioso señalar que su madre, que sin duda la quería pero siempre mantuvo una relación sentimentalmente extraña con ella, fue incapaz de darle el apoyo espiritual que el caso requería...

Acabó la contienda y Max *retorna vincitor* de Egipto, como en *Aida*. Los estadounidenses se retiran de Greenway, no sin dejar en el bello lugar una serie de alteraciones y desperfectos por los que Agatha,

Greenway, la preciosa mansión en la que Agatha Christie se encontraba tan a gusto que ni siquiera necesitaba escribir.

patriota *ma non troppo*, litiga para conseguir una indemnización. Hay una transformación en ese hogar, sin embargo, que la celosa dueña conserva con gusto: un oficial ha decorado una de las habitaciones con un ingenuo pero expresivo fresco de todos los lugares en los que ha estado destinado durante el conflicto bélico europeo, que acaba con una representación preciosa del propio Greenway sobre el Dart. Los visitantes actuales de esa mansión ya célebre pueden hoy seguir viéndolo tal como lo dejó. En la posguerra, comienza la cabalgata de la fama para Agatha Christie, convertida en indiscutible Reina del Crimen y celebrada por Inglaterra como un bien nacional. Siempre había sido una gran aficionada al teatro e incluso había escrito alguna pieza para el escenario, pero es en esos años cuando estrena obras tan memorables como *Testigo de cargo*, una de sus ficciones más ingeniosas, que no sólo tuvo una larga carrera sobre las tablas sino que también dio lugar a una película de Billy Wilder que es sobresaliente incluso dentro de los altos parámetros de su autor. Pero quizá la más recordada (en el doble sentido de la palabra, ligado uno a la memoria y otro a los récords) llegó al teatro por casualidad. Cuando la reina madre cumplió ochenta años, la BBC decidió hacerle un regalo especial: como se sabía que era muy aficionada a las novelas de Agatha Christie (también lo fue luego a las de Dick Francis, que había montado sus caballos en la pista), encargaron a la novelista una breve pieza radiofónica de media hora. Devota como era de la Casa Real, Agatha se esmeró y compuso *Tres ratones ciegos*, cuyo título estaba tomado —como era su frecuente gusto— de una canción infantil. La reina celebró el homenaje y poco después Agatha pensó que la breve historia radiofónica, debidamente ampliada, podía dar lugar a una obra dramática para la escena. Hizo los arreglos pero tropezó con el problema de que no podía darle el título original, que ya había sido empleado en otra pieza teatral. Entonces su yerno le sugirió como título *La ratonera*. No era del todo original, porque es el que Hamlet propone para la obra que finalmente nunca llega a escribir, aunque sí a escenificar en cierto modo. *La ratonera* debutó en los escenarios al comienzo del reinado de Isabel II, protagonizada por Richard Attenborough y su mujer, Sheila Sim. Ya ha cumplido más de sesenta años en cartelera, docenas de actores distintos han interpretado sus personajes y hoy es uno de los *hits* turísticos de Londres. Y aún no parece en decadencia...

Agatha Christie cumplió finalmente casi todos sus objetivos mayores, incluso el de recibir el título nobiliario de Dame de manos de la reina, que cenó con ella en familia. Sus últimas novelas son francamente flojas, sobre todo cuando se las compara con las dos que había reservado para sus herederos, *Telón* y *Un crimen «dormido»*. Su última aparición pública, con mas de ochenta años, fue en el estreno de *Asesinato en el Orient Express* de Sidney Lumet, con Albert Finney interpretando a Hércules Poirot y un plantel de estrellas internacionales entre las que figuraba Ingrid Bergman, que fue propuesta al Oscar por su papel secundario. La muerte le impidió conocer la serie de televisión que ha quedado como canónica de sus novelas, con David Suchet dando memorablemente cuerpo y gesto al detective belga. Agatha Christie alcanzó una popularidad inmensa, pero siempre fue consciente de que nunca llegaría al nivel artístico de autores a los que admiraba, como T. S. Eliot, Muriel

La tumba de
Agatha Christie
en el cementerio
de Cholsey.

Spark o Graham Greene. Ni tampoco de Robert Graves, que fue muy amigo suyo y con el que compartió jornadas en Pollensa y otras localidades mallorquinas. Ideológicamente fue conservadora, aunque interesada por las nuevas tendencias políticas que marcaban autores como Sartre o Herbert Marcuse, a los que leyó sin demasiado aprovechamiento. Un toque bastante evidente de mentalidad colonial a la usanza de Kipling y cierto latente antisemitismo lastran algunas de sus obras, aunque sería inútil juzgarla como teórica de la política. Sin embargo, en aspectos de costumbres y sobre todo en el terreno amoroso se muestra a veces sorprendentemente desprovista de prejuicios... al menos para lo que se llevaba en su día. Sobre todo, se mantuvo durante sus mejores años permanentemente inventiva, maquiavélica y capaz de una escritura que describe horrores sin ceder al mal gusto sanguinolento ni al sermón sociológico, como luego, por desgracia, hemos debido soportar de tantos. Sí, ciertamente fue popular a ultranza y muchos no se lo perdonan; pero Shakespeare, al oír esa crítica pedante y envidiosa, le hubiera guiñado el ojo con complicidad.

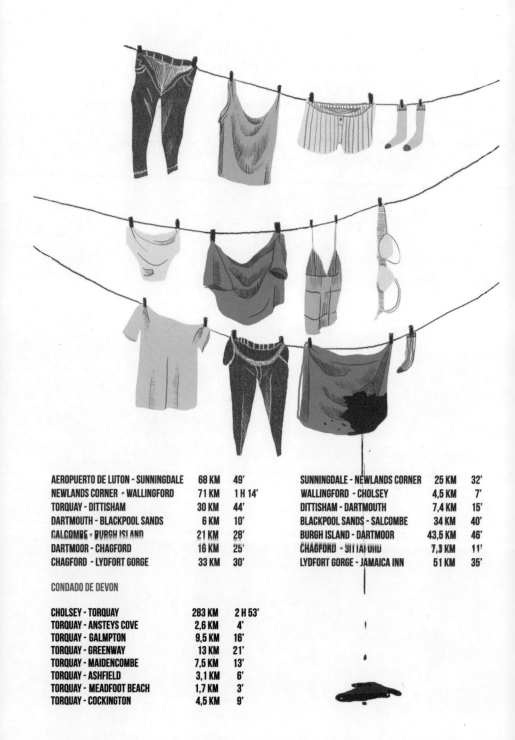

AEROPUERTO DE LUTON - SUNNINGDALE	68 KM	49'	SUNNINGDALE - NEWLANDS CORNER	25 KM	32'
NEWLANDS CORNER - WALLINGFORD	71 KM	1 H 14'	WALLINGFORD - CHOLSEY	4,5 KM	7'
TORQUAY - DITTISHAM	30 KM	44'	DITTISHAM - DARTMOUTH	7,4 KM	15'
DARTMOUTH - BLACKPOOL SANDS	6 KM	10'	BLACKPOOL SANDS - SALCOMBE	34 KM	40'
SALCOMBE - BURGH ISLAND	21 KM	28'	BURGH ISLAND - DARTMOOR	43,5 KM	46'
DARTMOOR - CHAGFORD	16 KM	25'	CHAGFORD - SITTAFORD	7,3 KM	11'
CHAGFORD - LYDFORT GORGE	33 KM	30'	LYDFORT GORGE - JAMAICA INN	51 KM	35'

CONDADO DE DEVON

CHOLSEY - TORQUAY	283 KM	2 H 53'
TORQUAY - ANSTEYS COVE	2,6 KM	4'
TORQUAY - GALMPTON	9,5 KM	16'
TORQUAY - GREENWAY	13 KM	21'
TORQUAY - MAIDENCOMBE	7,5 KM	13'
TORQUAY - ASHFIELD	3,1 KM	6'
TORQUAY - MEADFOOT BEACH	1,7 KM	3'
TORQUAY - COCKINGTON	4,5 KM	9'

ABNEY HALL

HARROGATE

WALLINGFORD
CHOLSEY

SUNNINGDALE
LONDRES

DARTMOOR
DARTMOUTH
TORQUAY
GREENWAY
SALCOMBE
BURGH ISLAND

Alfonso Reyes

ALFONSO REYES
BENJAMIN HILL 122,
06160
CUAUHTÉMOC, D. F.

NO CABE DUDA, DE NIÑO A MÍ ME SEGUÍA EL SOL. ANDABA DETRÁS DE MÍ COMO PERRITO FALDERO, DESPEINADO Y DULCE, CLARO Y AMARILLO, ESE SOL CON SUEÑO QUE SIGUE A LOS NIÑOS.

SALTABA DE PATIO EN PATIO, SE REVOLCABA EN MI ALCOBA. AÚN CREO QUE ALGUNAS VECES LO ESPANTABAN CON LA ESCOBA.

TODO EL CIELO ERA DE AÑIL, TODA LA CASA DE ORO, ¡CUÁNTO SOL SE ME METÍA POR LOS OJOS!

MAR ADENTRO DE LA FRENTE, A DONDE QUIERA QUE VOY ( ) ¡CUÁNTO ME PESA EL SOL!

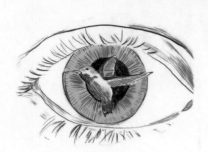

YO NO CONOCÍ EN MI INFANCIA SOMBRA, SINO RESOLANA. CADA VENTANA ERA SOL, CADA CUARTO ERAN VENTANAS. LOS CORREDORES TENDÍAN ARCOS DE LUZ POR LA CASA.

LOS PAVOS REALES ERAN PARIENTES DEL SOL. LA GARZA EMPEZABA A LLAMEAR A CADA PASO QUE DABA. Y A MÍ EL SOL ME DESVESTÍA PARA PEGARSE CONMIGO (...)

CUANDO SALÍ DE MI CASA CON MI BASTÓN Y MI HATO, LE DIJE A MI CORAZÓN - ¡YA LLEVAS SOL PARA RATO! (...) TRAIGO TANTO SOL ADENTRO, QUE YA TANTO SOL ME CANSA.

SOL DE MONTERREY - ALFONSO REYES

La escritura como amistad

Óyense unos dulces chasquidos; fluyen las vocales,
y las consonantes tienden a licuarse. La charla es una
canturía gustosa. Esas xés, esas tlés, esas chés que tanto
nos alarman escritas, escurren de los labios del indio
con una suavidad de aguamiel [...].

Hace tiempo un dicho establecía elogiosamente que alguien era
«cortés como un mexicano». Mi ya larga experiencia de trato y convivencia en México confirma ampliamente ese dictamen popular.
Pero quizá es en el mundo de la literatura donde encuentra su mejor
paradigma, en la figura de Alfonso Reyes. A pesar de que el generoso Stefan Zweig aseguraba que «los grandes hombres eran siempre
los más afables», el catálogo de los escritores más excelsos abunda en
personajes hirsutos, arrogantes y poco dados a confraternizar con el
primer llegado. Puede que algunos de ellos tuviesen buenas razones
para ser bruscos de manera preventiva, escarmentados por familiaridades humillantes que pisotean la intimidad de las personas sensibles.
Otros rehuyeron por rivalidad a sus colegas o dedicaron más tiempo
de lo debido a denigrarlos; conocemos ejemplos actuales. No fue el
caso del mexicano Alfonso Reyes, que allí por donde pasó dejó una
estela de simpatía y cordialidad casi universales, reforzada por su
presta disposición a ayudar a sus colegas y promover sin envidiosas

rencillas la obra ajena. Nada tiene que ver esta actitud con la mediocridad bonachona de quien carece de valía propia: Reyes es autor de una obra tan copiosa como estimable en casi todos los campos a los que puede dedicarse un hombre de letras, sea el ensayo o la poesía, la erudición o los juegos de ingenio, la narración y la crítica literaria. Su cortesía no sólo fue humana sino también literaria, y su escritura favorece la claridad, la concisión, la eficacia expresiva y el humor, tanto el intelectualmente sofisticado como también el más juguetón y popular. Borges elogió su prosa —cuyas lecciones sin duda aprovechó— como la mejor de su época y dejó dicho que «leer a Reyes es aprender a escribir». *Experto crede...*

Alfonso Reyes nació en Monterrey (el nombre completo de la villa, para que no olvidemos de dónde venimos, es Ciudad Metropolitana de Nuestra Señora de Monterrey), en el estado mexicano de Nuevo León, situado en el noroeste del país y en la Sierra Madre oriental. El paisaje regiomontano, cercado por las cumbres y marcado por el cerro de La Silla, con su inconfundible perfil, selló la infancia del futuro escritor y habitó su memoria toda la vida, a pesar de su forzoso vagabundear. Pero no menos determinante fue la figura de su padre, el general Bernardo Reyes. No sólo fue un ilustre militar, distinguido en su juventud en la lucha contra los invasores franceses y luego contra indígenas rebeldes o contra forajidos y ban-

Monumento a Alfonso Reyes en su ciudad de Monterrey.

158

doleros, sino que también se distinguió como político y hombre de letras. Hombre de confianza de Porfirio Díaz, de quien llegó a ser ministro de Guerra, gobernó durante muchos años Nuevo León, y con tanto acierto que se le considera autor de la estabilidad política de la región y del crecimiento económico de Monterrey.

La prole del general Reyes fue numerosa y Alfonso tuvo diez hermanos, aunque algunos murieron antes de que él naciera y otros poco después, según ocurría frecuentemente en la infancia de la época. Las diferencias de edad entre ellos eran muy grandes y Alfonso, uno de los menores, sólo mantuvo verdadera relación fraterna con alguna de las hermanas, que ejercía como madre sustitutoria, y con el benjamín, Alejandro, permanente compañero de juegos que con los años llegó a ser cronista de teatro, conciertos y toros en la capital federal. Al poco de nacer Alfonso, la numerosa familia se trasladó a la amplia casa de Degollado (hoy Hidalgo), una mansión llena de largos corredores y amplias estancias, rica en patios y cultivos, que según cuenta el escritor fue un auténtico personaje inmobiliario de su vida. Años después asegura que «no he tenido más que una casa. De sus corredores llenos de luna, de sus arcos y sus columnas, de sus plátanos y naranjos, de sus pájaros y aguas corrientes, me acuerdo en éxtasis».

Aún muy chico, su padre le regaló un caballo y sobre él gustaba de cabalgar tras su enérgico y adorado progenitor, «una divinidad henchida de poder y bondad que no podía nunca equivocarse». Era un niño obediente y tranquilo, nada aficionado a los juegos que impliquen gran esfuerzo físico, de salud más bien endeble y frecuentemente afectado por dolores de cabeza, así como por recurrentes pesadillas que lo asediaron hasta la adolescencia. Eso sí, ya entonces se esforzaba por leer y hasta escribir cuanto podía. Como era de muy corta estatura (y nunca llegó a crecer demasiado) para leer el voluminoso ejemplar del *Quijote* de su padre tenía que subirse encima, como si literalmente cabalgase sobre él en pos de Rocinante... Por su parte el general Reyes, que era él mismo aficionado a las bellas letras y protector de poetas entonces noveles, como Rubén Darío o Porfirio Barba Jacob, no desalentaba los gustos literarios de su hijito y desde su mentalidad fervientemente liberal y positivista procuraba también formarle éticamente: «Mi padre, primer director de mi conciencia, creía en todas las mayúsculas de entonces —el Progreso, la Civilización, la Perfectibilidad moral del hombre— a la manera heroica de los liberales de su tiempo, sin darse a partido ante los fracasos del bien».

Los primeros estudios de Alfonso fueron en escuelas locales de administración casi familiar, pero no por ello quizá peores que otras. Cuando su padre fue nombrado secretario o ministro de Guerra, la familia se trasladó a la capital federal y allí el muchacho —que por entonces contaba once años— prosiguió su aprendizaje en el prestigioso Lycée Français du Mexique, lo que suponía un avance académico importante. En sus aulas hace sus primeros amigos, entre ellos Luis MacGregor, con quienes intercambia descubrimientos intelectuales (¡Pascal!). También se inicia en la poesía y emborrona cuartillas con ingenuos lirismos de estrellas, soledad y demás pesares adolescentes. Incluso logra publicar en *El Espectador* de Monterrey algunos versos, entre ellos tres sonetos dedicados al grupo escultórico *La duda* de Cordier, que representa a Voltaire hablando insinuantemente con un joven de expresión atribulada por el escepticismo... La obra se encuentra en la plaza San Martín de Buenos Aires y yo guardo una relación especial con ella, porque es desde hace muchos años una de mis visitas obligadas cuando voy a la capital argentina e incluso utilicé su imagen como portada de la primera edición de mi novela *El jardín de las dudas*. El caso es que los sonetos fueron encontrados aceptables por su padre y hasta fueron reproducidos en el diario capitalino *La Patria*, que dirigía Irineo Paz, abuelo del poeta Octavio Paz. De modo que le ganaron cierta fama de vate al muchacho, que llegó a mosquear un tanto al general. Cuando un conocido de la familia le llamó con humor «poeta» ante él, papá se enfadó: «¡No! Entre nosotros no se es poeta de profesión».

Poco antes de acabar sus estudios de bachiller, Alfonso se trasladó nuevamente a la capital del país, donde los completó en la Escuela Nacional Preparatoria. Era una forma de escapar de la tutela absorbente de su padre el general, que estaba cada vez más enredado en disputas políticas y que se había distanciado de Porfirio Díaz. Llegó la hora de elegir una carrera y Alfonso, que aun antes de haberse puesto realmente a escribir ya se sabía escritor («Siempre he dicho —aseguraba años después— que el peligro de aprender a leer está en que se da en escribir, y por escribir me dio muy pronto; y el ser escritor llegó a parecerme el oficio más natural del mundo, o mejor aún, función tan indispensable como el comer y el beber»), optó por la abogacía. Como otros antes que él —y algunos hemos visto en este libro—, pensó que la desganada dedicación a las leyes le serviría de pantalla familiar en tanto llegaba el momento de consagrarse plenamente a las bellas letras.

Pero, mientras, se entregó con fervor al ambiente literario de la ciudad. Enseguida se incorporó a la revista *Savia Moderna*, de trayectoria efímera pero influyente, en la que continuó publicando poesía. Y allí tuvo lugar uno de los encuentros más decisivos de su vida, con el erudito y humanista dominicano Pedro Henríquez Ureña, unos cuantos años mayor que él, que de inmediato se convirtió no sólo en su íntimo amigo, sino en su mentor intelectual y primer crítico serio, no siempre complaciente, de sus iniciales trabajos literarios. Junto con Henríquez Ureña frecuenta a otros jóvenes talentos destinados a ejercer más tarde gran influencia en la cultura mexicana: Antonio Caso, Julio Torri, José Vasconcelos y algunos más, con los que se reunía en sesiones apasionadas a leer filosofía moderna y los clásicos grecolatinos. Todos ellos fundaron el Ateneo de la Juventud, que promovió ciclos de conferencias sobre los principales temas literarios de México y de otros países iberoamericanos. Entonces en el país no había estudios organizados de humanidades, de letras o filosofía. El Ateneo propició la aparición de la Universidad Popular y también la Escuela de Altos Estudios, de la que Alfonso Reyes ejerció como secretario. Allí empezó a probarse su gran capacidad para las tareas político-administrativas, cualidad poco frecuente en los escritores e intelectuales de primera fila y que a él le sería de mucha utilidad más tarde para su desempeño como diplomático. Fue en esos años universitarios cuando escribió los textos que compondrían el primero de sus muchos libros de miscelánea, *Cuestiones estéticas*. Sus temas prefiguran nítidamente las cuestiones que habrían de interesarle durante el próximo medio siglo: la tragedia griega, los autores clásicos y barrocos españoles, Goethe, los escritores franceses modernos… Tanto en tales elecciones como en la elegante eficacia del estilo y en la madurez de juicio, Alfonso Reyes había de cambiar poco a lo largo de su trayecto literario.

El proyecto, alentado por Henríquez Ureña, de ir a estudiar a Estados Unidos, a la Universidad de Columbia, se frustra porque Alfonso se ha enamorado de Manuelita Mota, la compañera del resto de su vida. Se casan, tras aceptar ella las dos condiciones humorísticas que le había puesto él, ambas relacionadas con la brevedad de su estatura: que le diera un hijo más alto que él y que le alcanzara los libros que se hallaban en la parte superior de las estanterías... Entonces la política, con sus aspectos más sectarios y hasta trágicos, hace violenta irrupción en su vida. Rodolfo, su hermano diez años mayor, con quien había vivido al llegar a la capital, es un apasionado intrigante político. Por entonces se plantea la sucesión de Porfirio Díaz, que ya rondaba los ochenta años. Uno de los candidatos a sucederle es el general Bernardo Reyes, promovido con entusiasmo, entre otros, por Rodolfo; otros apoyaban al también general Francisco I. Madero. La pugna entre partidarios de uno y de otro lo impregna todo, llenando de miasmas sectarios hasta las relaciones más personales y artísticas. El grupo de ateneístas se rompe por esa causa, a pesar de que algunos, como Pedro Henríquez Ureña o el propio Alfonso, se negaron a dejarse arrastrar por la vorágine y pretendían mantenerse apolíticos o incluso antipolíticos. El general Reyes tuvo que instalarse durante varios meses en Europa para una misión militar indefinida, lo que su hijo vivió con alivio porque le alejaba de la refriega. Él sólo quiere poder dedicarse a leer y escribir tranquilamente, sin agobios de enfrentamientos partidistas. Pero su tranquilidad dura poco, porque el general Reyes regresa a México y de inmediato se pone de nuevo a conspirar para lograr la presidencia, azuzado por su hijo mayor, Rodolfo. Queriéndolo o no —más bien lo segundo— Alfonso se ve envuelto en las actividades políticas de su familia, aunque participa en ellas lo menos posible. Pero a Bernardo Reyes, a pesar de haberse distanciado últimamente del dictador, le perjudicaba haber sido antes su mano derecha. En la contienda electoral, Madero tenía todas las de ganar. Siempre alentado por Rodolfo, el general Reyes intenta entonces un golpe de Estado, pero, al ver que carece de apoyos suficientes, se entrega a las autoridades. Purga todo un año de cárcel (Rodolfo sólo unos cuantos meses por complicidad), que Alfonso aprovecha para acabar sus estudios de derecho y dedicarse a sus funciones como director de la Escuela de Altos Estudios, junto con dar clases de lengua y literatura castellanas.

Pero mientras su hermano menor se dedicaba a las letras, Rodolfo seguía enredado en conspiraciones subversivas. Organiza con otros insurgentes un golpe de mano para sacar a su padre de la cárcel y nombrarlo presidente, tras derrocar por la fuerza a Madero. Pero la asonada es un rotundo fracaso y el general Reyes muere ametrallado ante las puertas del Palacio Nacional que quería conquistar. Esta muerte es el acontecimiento crucial de la vida de Alfonso Reyes, no sólo en el plano personal sino también como lección histórica. A partir de entonces, siempre abominará de toda política cuyo principal objetivo sea dividir o enfrentar. En lo humano, mantuvo ante el padre muerto una actitud en la que se mezclaba la franca admiración con un larvado reproche. Le costó mucho reponerse de ese acontecimiento trágico, si es que se repuso del todo alguna vez. Veinte años después escribió su texto autobiográfico más hermoso, la «Oración del 9 de febrero», en el que cuenta: «Después me fui rehaciendo como pude, como se rehacen para andar y correr esos pobres perros de la calle a los que un vehículo destroza una pata; como aprenden a trinchar con una sola mano los mancos; como aprenden los monjes a vivir sin el mundo, a comer sin sal los enfermos». Y finalmente: «Aquí morí yo y volví a nacer, y el que quiera saber quién soy que lo pregunte a los hados de febrero. Todo lo que salga de mí, en bien o en mal, será imputable a ese amargo día».

Lucha con todas sus fuerzas para no entregarse al resentimiento. Renuncia a su puesto en la Escuela de Altos Estudios y se dedica solamente a sus clases de literatura, aunque en su estado de ánimo no le resulta fácil. El nuevo presidente por la vía de la fuerza, Huerta, trata de congraciarse con el joven de talento y le ofrece ser su secretario personal. Pero Alfonso, asqueado, está convencido de que no es ése su destino. Prefiere alejarse de México y su vaivén revolucionario. Presenta su tesis y pocos meses después parte para su primer empleo diplomático, segundo secretario de la legación mexicana en

Francia. Lleva con él a su mujer y a su hijo, para iniciar esta nueva y larga etapa de su vida.

Todo parecía indicar que París iba a ser la ciudad perfecta para Alfonso Reyes. Para empezar, a pesar de sus clásicos grecolatinos, de los españoles del Siglo de Oro y de su admiración por Goethe, cuando se trataba de literatura moderna su preferida era sin duda la francesa: Baudelaire, Mallarmé y Verlaine en poesía, Anatole France en novela y Henri Bergson en filosofía. Además, en la capital francesa tenía buenos amigos mexicanos, como el pintor Diego Rivera y el poeta Amado Nervo. Sin embargo, otras circunstancias conspiraron para hacerle su estancia insufrible. Su trabajo en la embajada era rutinario y mezquino, y pronto se le hizo repelente. Además, su hermano Rodolfo ya se había enemistado con Huerta y los miembros más ortodoxos de la legación lo pagaban con Alfonso, al que hacían el vacío o incluso hostilizaban abiertamente. Por todo estaba dispuesto a pasar Reyes, porque la ciudad en sí no le había decepcionado y opinaba, como escribió a su amigo Julio Torri, que en París «valía la pena morirse de hambre». Pero las cosas siguieron empeorando: Venustiano Carranza derrocó a Huerta y cesó a todo el personal diplomático nombrado por éste, con lo que Alfonso se quedó sin oficio ni beneficio. Para colmo, comenzó la primera Gran Guerra europea y los alemanes acosaron París, que fue bombardeada por aeroplanos y zepelines, haciéndose allí la vida sumamente peligrosa. Reyes decide huir con su mujer y su hijo al país neutral más próximo, España. Acompaña a la familia en el incierto viaje su cocinera bretona, que se niega a abandonarles a pesar de los ruegos de Alfonso.

Pasando por Burdeos, cruza la frontera y llega a San Sebastián, donde le esperaba y le aloja su también exiliado hermano Rodolfo. Era verano y la ciudad tenía su ya incipiente animación como distinguido balneario. Allí conoce al primer escritor español del que se hace amigo, Azorín, con quien más tarde se recordaba paseando gratamente por el paseo de los Fueros, «bajo un cielo azul con algunas nubecitas blancas». Aunque sólo estuvo en la ciudad donostiarra poco menos de un mes, sus recuerdos de ella son amables. Más tarde incluso escribió un simpático poemita, titulado «Proyecto de una playa vascongada», que la celebra:

Paseo de los Fueros de San Sebastián, por donde Alfonso Reyes paseaba con Azorín.
San Sebastián, donde vivía su hermano, fue el primer lugar de residencia de Alfonso Reyes en España.

Marichu vestida de blanco,
boina roja —y mar azul,
y arena y sol y toldo y banco
y nos hablamos de tú.
La cinta de la sandalia sube
haciendo cruces desde el pie...
—Marichu ¡qué alta va esa nube!
Y Marichu responde: —¡Pues!...

De allí se fue a Madrid, donde se inicia una época de aprietos económicos. Había sido cesado como diplomático y sus propiedades en México fueron incautadas por el nuevo gobierno. Tras vagar por unas cuantas pensiones, se instala con la familia en un pisito modesto. Adquirir los pocos muebles necesarios acaba con sus ahorros, y no tiene más remedio que ponerse a escribir no por placer artístico o impulso poético, sino como ganapán. Aunque no siempre esos apremios de la necesidad son desfavorables, pues a veces sirven para conseguir a la fuerza oficio y soltura, lo que nunca viene mal; hablo por experiencia propia. Alfonso traduce y colabora a salto de mata en diversas publicaciones de Europa y América. Aunque en lo material vive precariamente, goza de libertad y va conociendo a gente y haciendo amistades entre la intelectualidad madrileña: Enrique Díez Canedo, Pedro Salinas, José Moreno Villa, Juan Ramón Jiménez... Y esos amigos le llevan a otros: Díez Canedo le presenta a Ortega y Gasset, en cuyo semanario *España* se encarga de la crítica cinematográfica, un oficio entonces más original que hoy, y Juan Ramón Jiménez le recomienda al notorio editor Rafael Calleja, que le ofrece varios contratos. Frecuenta la Biblioteca Nacional para documentarse y allí traba relación con el Centro de Estudios Históricos, cuya sección de filología presidía Ramón Menéndez Pidal. También allí le encargan diversos trabajos bibliográficos y de historia literaria. Trabaja sobre Góngora y prepara para Calleja antologías de Gracián y Quevedo.

Todo ese trabajo extenuante devoraba la mayor parte de su tiempo, pero no le impidió dedicarse a su propia creación: publica su primer libro, *Cartones de Madrid*, una serie de impresiones amables y perspicaces de la capital en la que malvivía y que su amigo Azorín saludó como una obra «exquisita» que captaba «la esencia de España». Y sobre todo escribe *Visión de Anáhuac*, su texto más carismático e inolvidable, que a Juan Ramón Jiménez, un crítico nada complaciente, le pareció «una auténtica joya». Más allá de las clasificaciones convencionales que distinguen entre narración, ensayo y poema, la *Visión* es realmente lo que su nombre anuncia, una visión o aparición de la ciudad de México en 1519, tal como se mostró antaño a los ojos de los conquistadores españoles, monumental y popular, bullente de colores y sabores, hechicera y depravadamente humana. Esa imagen móvil se extiende hasta nuestro presente, donde seguimos entreviéndola a veces teñida de modernidad pero invariable en su esencia. Las jugosas enumeraciones de frutas, vestidos, tipos humanos, piezas arquitectónicas, etc. recuerdan a algunos de los pasajes más copiosos de *Salambó* (la novela de Flaubert también tiene mucho de «visión») y prefiguran otros no menos variopintos del llamado «realismo mágico» iniciado por García Márquez. Las palabras iniciales de la obra —«Viajero, has llegado a la región más transparente del aire»— se han convertido en tópico, además de brindar título a una de las novelas más famosas de Carlos Fuentes.

En esta casa de General Pardiñas 32, en Madrid, vivió Alfonso Reyes en una de sus varias estancias en la capital.

Reyes estaba harto y se sentía agobiado por la necesidad de multiplicar sus colaboraciones periodísticas, que ve como un trabajo forzado y por debajo de sus posibilidades, a pesar del alentador consejo de Ortega y Gasset: «El secreto de la perfección está en emprender obras algo inferiores a nuestras capacidades». De modo que aceptó con alivio un puesto de investigador en los archivos europeos de la Comisión Histórica Mexicana, dirigida por Luis G. Urbina, empleo que le permitió renunciar a muchas de sus colaboraciones forzosas en prensa y además le volvió a poner en contacto con las instituciones mexicanas (con gran disgusto, por cierto, de su hermano Rodolfo, que lo consideraba poco menos que una traición). De modo que cuando poco después hubo otro cambio revolucionario en la presidencia de México y José Vasconcelos, su antiguo amigo del Ateneo de la Juventud, llegó a la Secretaría de Educación Pública, no le fue difícil a Alfonso Reyes recobrar —mejorado— su estatus en la carrera diplomática. Se quedó en Madrid, pero como principal encargado de la legación, y en ese puesto fue de una indudable utilidad al gobierno del presidente Obregón por sus muchos contactos en nuestro país y por su indudable habilidad de maniobra política. Que fue puesta seriamente a prueba a causa de las disensiones entre ambos países por la cuestión del reparto agrario, que dañaba los intereses de los terratenientes españoles. Por otra parte, los envidiosos, que nunca faltan, le acusaban de dedicarse más a la literatura que a sus obligaciones diplomáticas, lo que no era cierto porque durante su período a la cabeza de la legación produjo mucha menos obra personal que cuando estaba abrumado por el ganapán periodístico.

Reyes, sin embargo, se mostraba reacio a volver a México, a pesar de la insistencia de amigos ahora influyentes como Gerardo Estrada. Temía, no sin motivos retrospectivos, «quedar al alcance de las botas de los generales». Pero finalmente se le ordenó de oficio entregar la legación en Madrid y volver a México. Su regreso sólo duró un par de meses, pero no fue traumático sino por el contrario placentero. Le sirvió para curar las heridas que guardaba en la memoria desde aquel febrero trágico en que fue ametrallado el general Reyes y hasta volvió a visitar su paraíso infantil de Monterrey, donde «por todas partes se le echaba encima el recuerdo de su padre». Su nueva misión era volver a regresar a Madrid como ministro plenipotenciario con una tarea especial: ofrecer al rey Alfonso XIII la mediación mexicana en el conflicto que España mantenía con los sublevados de Marruecos. El encargo era peregrino, porque los marroquíes eran en ese momento vasallos del rey español y era impensable que éste aceptara una mediación extranjera, como si se tratase de un conflicto internacional. Así lo supuso Alfonso Reyes y no se equivocó. A pesar de que el rey le trató con deferencia y hasta le llamó «tocayo», descartó de inmediato la gestión propuesta. Incluso se permitió aconsejar a los mexicanos que reorganizasen su ejército y que buscasen algún pasatiempo para sus generales, a fin de que no estuviesen a todas horas montando tiroteos y golpes de Estado. Mientras realizaba sus infructuosas gestiones, Reyes no abandonaba la escritura: después de «El suicida», un texto inspirado en el suicidio del novelista naturalista Felipe Trigo, publicó un poema dramático que sin duda es su obra de ficción más destacada, «Ifigenia cruel», en la que se adentra con una visión personal en los personajes clásicos de la Grecia que tanto le fascinaba. Además, realizó traducciones de autores ingleses como Laurence Sterne y sobre todo Chesterton, que son sorprendentemente buenas si se considera que conocía esa lengua sólo medianamente. Finalizada la improbable misión ante el monarca español, Reyes obtiene un nombramiento mucho más de su gusto: se le puso al frente de la legación en Francia.

Alfonso tenía aún clavada la espina de su poco afortunada primera estancia en París. Ahora regresa decidido a conquistar la capital francesa y vivir su fervor intelectual como un antiguo amigo de sus letras merecía. Nada más llegar, aún no confirmado definitivamente su nombramiento, se instala en el 44 de la rue Hamelin, donde dos años antes había muerto Marcel Proust. Después se enfrenta con la espinosa obligación de reorganizar la legación que debía gestionar, en la cual reinaba el caos tras dos años sin nadie al frente. También tiene que arrostrar gestiones diplomáticas delicadas, como mejorar la imagen del México revolucionario ante la opinión pública francesa y conseguir restablecer las relaciones con Suiza, que las había roto con México tras la Primera Guerra Mundial. Esa reconciliación era importante, porque México aspiraba a ser admitido en la Sociedad de Naciones con sede en Ginebra. Sus actividades oficiales iban acompañadas de trabar amistades con su mundo más próximo, el de los escritores. Y así establece una amistad más o menos cercana con Jean Cassou, Paul Válery, Jean Cocteau, Valery Larbaud, Jules Romains y Paul Claudel, que era también como él escritor y diplomático... Frecuenta los lugares públicos más indicados para la charla con interlocutores distinguidos, como la Closerie des Lilas. Le encantaba especialmente la buena educación de los franceses, que para él era el destilado mejor de una civilización secular. Por eso el país entero le parece el campo de cultivo ideal para la inteligencia sin fronteras que él deseaba, y en su «Charla sobre Francia» exclama: «¡Oh, patria común, tierra de todos!». Y más tarde, en «La liberación de París», escribió estas hermosas líneas que conmueven a quienes somos afrancesados impenitentes: «Después del pensamiento griego, en efecto, nada se parece tanto a los ideales del hombre como el pensamiento francés. Siempre estuvo presente donde la humanidad se engrandece. Siempre sirvió de contraste y de criterio para apreciar la belleza o la fecundidad de una forma artística o de una idea, de una ley o de una conducta». Es importante señalar que Alfonso Reyes, en cuanto escritor pero también en cuanto embajador cultural, siempre evitó tanto el exotismo latinoamericano —se rehusó al guacamayo, por decirlo así— como la fascinación de las vanguardias europeas más desabrochadas, por lo que también se escabulló del surrealismo; conservó impenitente sus ambiciones clásicas, de orden y mesura. Aunque nunca intemporal o, aún peor, anacrónico, sino permanentemente atento a la actualidad menos evanescente de lo moderno.

De París, con el que se había por fin reconciliado, es enviado de vuelta a América: a Buenos Aires, donde ya no se limitará a encabezar una legación sino que será directamente embajador. Es un avatar más de lo que él llamó con gracia «esta gitanería dorada de la diplomacia». También en Argentina encuentra, nada más llegar, abundantes y complejos problemas diplomáticos, algunos con importantes repercusiones comerciales. Como el proyecto de crear una línea directa de navegación entre los puertos del golfo de México y Buenos Aires, que facilitaría las importaciones y exportaciones de ambos países prescindiendo de Estados Unidos como aprovechado intermediario. Pero esa prometedora idea fracasó porque México no tenía la flota mercante adecuada y porque la crisis del 29 reorientó nuevamente el comercio de ambos países hacia Estados Unidos e Inglaterra. En lo estrictamente político, también abundaron los problemas. Argentina mostraba menos interés que el país azteca en elevar el nivel de sus relaciones, tanto más cuando en la guerra Cristera, último episodio por entonces de la violencia interna mexicana, tomó partido por los cristeros (Argentina era un país ultracatólico lleno de piadosos inmigrantes españoles e italianos) y reprendió al gobierno mexicano desde la prensa y demás púlpitos. Para colmo, José Vasconcelos encabezó un movimiento de oposición al gobierno, y Reyes tuvo que optar entre la fidelidad institucional y la lealtad a su amigo de siempre. Eligió la primera, lo que circunstancialmente le distanció del segundo. No todo fueron sinsabores: uno de sus grandes hallazgos en Buenos Aires fue Jorge Luis Borges, al que solía invitar frecuentemente a comer en la embajada. Admiró el talento inequívoco y original del entonces joven escritor, quien a su vez consideró la prosa de Reyes como la más perfecta que en aquel momento podía leerse en castellano. Muchos años después, cuando murió don Alfonso, Borges le dedicó un poema en el que hace el elogio de su capacidad cordial de integrarse a la vida intelectual de todos los lugares a donde tuvo que ir:

Supo bien aquel arte que ninguno
supo del todo, ni Simbad ni Ulises,
que es pasar de un país a otros países
y estar íntegramente en cada uno.

A fin de cuentas, se veía desgarrado en su dilema permanente entre sus obligaciones oficiales y su verdadera vocación, obstaculizada por aquéllas, que era la creación literaria. Allí, en Buenos Aires, editó una bella colección de libros de no demasiadas páginas, «Cuadernos del Plata», en la que publicaron Borges, Macedonio Fernández, Gilberto Owen y Ricardo Güiraldes. Precisamente dedicó a este último uno de sus mejores poemas, «A la memoria de Ricardo Güiraldes», que es una penetrante revisión de su personaje don Segundo Sombra, puesto en paralelo con don Quijote. Y también es de entonces otro muy hermoso en que prefigura la ola psicodélica que llegaría varias décadas más tarde, «Yerbas del Tarahumara», que su amigo Valery Larbaud tradujo excelentemente al francés. Pero a pesar de estos logros, con tantas ocupaciones y preocupaciones diplomáticas en Argentina su producción propia se estaba viendo seriamente afectada. De modo que Reyes, por primera vez en su carrera, insinuó que le agradaría ser trasladado a otro país. Su petición coincidió con las necesidas del servicio y le enviaron a Río de Janeiro. Continuaba su periplo por América aprovechando en todos los países para conocer gentes de letras y tejer la urdimbre de amistades que a su juicio constituían lo mejor de su tarea como representante de su cultura en el mundo.

De modo que Alfonso Reyes se embarca otra vez hacia su nuevo destino. El barco en que viaja atraca primero en Montevideo, donde se encuentra con el poeta Jules Supervielle, y luego, pasando por Porto Alegre y Santos, arriba finalmente a Río de Janeiro. A su llegada, la casa de la embajada le parece «deplorable, inservible». Cuando ya había logrado instalarse medianamente, colocar sus libros y papeles, con los que viaja de un lado a otro, e incluso comienza a publicar una revista unipersonal que es su correo literario destinado a sus amigos de América (no más de trescientos ejemplares de deficiente impresión) y que titula *Monterrey*, estalla la inestabilidad política del país. Resultado de esos enfrentamientos es que la embajada se le llena de refugiados políticos que huyen de las represalias de militares golpistas y terratenientes rapaces. Como en otras ocasiones, don Alfonso, sin descuidar los deberes de la hospitalidad y el asilo, se refugia en la poesía y canta a la ciudad donde vive y cuyos encantos naturales le hacen olvidar momentáneamente lo convulso de sus gentes:

> Río de Enero, Río de Enero:
> fuiste río y eres mar...
> [...]
> Busque el desorden del alma
> tu clara ley de cristal,
> sopor llueva el cabeceo
> de tu palmera real.
> [...]
> La mano acudió a la frente
> queriéndola sosegar.
> No era la mano, era el viento.
> No era el viento, era tu paz.

Había un gran contraste entre México, donde comienza la presidencia progresista de Lázaro Cárdenas, y Brasil, donde se persigue a muerte a los disidentes, prevalece una mentalidad cuasifascista y se dicta una Ley de Seguridad Nacional que Reyes considera «monstruosa» y que castiga cualquier expresión antigubernamental. En la capital mexicana hay manifestaciones pidiendo la libertad del líder del Partido Comunista, Luis Carlos Prestes, y, como represalia, en Río la embajada mexicana sufre amenazas y es apedreada «por ser sede de un país comunista». Las autoridades brasileñas sospechan de la mala influencia de México en sus propios rebeldes, y para evitar «la contaminación del extremismo mexicano» comienzan a revisar toda la correspondencia que llega del país azteca. Alfonso Reyes tuvo que echar mano de su ya varias veces demostrada habilidad política para sortear los riesgos de la espinosa situación e incluso culminar con éxito varios encargos comerciales entre ambas naciones.

En 1936 es enviado por segunda vez a Argentina como embajador, aunque en esta ocasión sólo permanecerá año y medio en el puesto. En ese período se harán más frecuentes sus veladas en casa de Victoria Ocampo, con Jorge Luis Borges, Eduardo Mallea y Arnaldo Orfila Reynal. No es un mal período creativo, porque Reyes ya ha aprendido a simultanear sus tareas oficiales con la escritura, pasión y vocación auténticas. Más o menos de esa época son su delicioso poema «Sol de Monterrey», una fina y graciosa rememoración autobiográfica, y una serie de ensayos breves que dan cuenta muy bien del fondo de su pensamiento: «Discurso por Virgilio», «Atenea política», «Homilía por la cultura»... Recurre en ellos a la tradición clásica grecolatina para confirmar que el papel de cualquier intelectual que se precie es fomentar el ideal cosmopolita y el mutuo conocimiento entre los países, superando los recelos patrioteros y nacionalistas (aquí coincide con la lección esencial de Julien Benda en su célebre *La trahison des clercs*). Estas proclamas le valen pocas simpatías en México, donde rivales y envidiosos le tachan de «poco» o «mal» mexicano. Pero esas críticas, aunque le son dolorosas, no disuaden a don Alfonso de seguir defendiendo que precisamente en Hispanoamérica es imprescindible ascender al plano universal de la cultura, y buscar la realización unitaria de sus variados pueblos y razas en la democratización y en la tradición de los valores hispánicos y latinos, no en el regreso atávico a los de las culturas aborígenes. En su «Discurso por Virgilio», se rebela contra la tendencia a celebrar los supuestos méritos místicos y quietistas de quienes encomian la actitud antitecnológica y la vida sencillamente natural: «Yo predicaré a los míos las ventajas de la pura meditación y de los brazos cruzados, cuando todos los demás crucen los brazos. Y aún entonces, ¿cómo desoír esa voz natural que nos empuja a modificar las cosas, a quererlas diferentes de cómo las encontramos, a procurar corregirlas conforme a nuestra idea, a pasarlas por el tamiz humano, a humanizarlas?».

Pero el año de su regreso a Argentina tiene lugar un acontecimiento histórico de la máxima importancia para él: estalla la Guerra Civil española. El presidente Lázaro Cárdenas adopta una postura de abierto apoyo al gobierno legítimo de la República, mientras que las autoridades argentinas muestran mayores simpatías por los golpistas. Desde el comienzo, Alfonso Reyes secunda con fervor la postura del gobierno mexicano, no por disciplina, sino por íntima convicción; casi todos sus amigos españoles son intelectuales o bien favorables a la República o que al menos pueden temerlo todo de una dictadura militar de corte fascista. Ahora vemos al sereno y habitualmente moderado Reyes apasionarse realmente por un compromiso político, hasta el punto de que desde México sus superiores deben recomendarle cautela en su defensa de la causa republicana y también de los argentinos que la apoyaban, en contra de la corriente oficial. Pero es que para don Alfonso apoyar la legalidad institucional en España era también combatir por la independencia creadora de la cultura y el arte, por la educación laica, por los valores permanentes del humanismo civilizador. Así escribe y hace representar en una lectura pública su «Cantata en la tumba de Federico García Lorca», un texto mucho más políticamente definido de lo habitual en él. De la mane-

Busto de Alfonso Reyes en el Ateneo de Madrid, muy frecuentado por él.

174

ra más personal y biográfica, comprende lo que ahora están sufriendo quienes defienden a la República contra la asonada militarista: «Traigo bien provistas de experiencia mis alforjas de caminante. No olvidéis que un universitario mexicano de mis años sabe ya lo que es cruzar una ciudad asediada por el bombardeo durante diez días seguidos, para acudir al deber de hijo y de hermano, y aún de esposo y padre, con el luto en el corazón y el libro de escolar bajo el brazo» (en «Atenea política»).

Y finalmente, en 1939, Alfonso Reyes regresa definitivamente a México y se instala en el D. F. Apenas había vivido allí, porque su mocedad transcurrió en Monterrey y el resto de su madurez, en distintos países adonde le llevaron sus mandatos diplomáticos. Ahora, a los cincuenta años, sienta sus reales en la capital y pasará allí las últimas y plenas dos décadas de su vida. Como morada se prepara una casa de dos cuerpos unidos por una especie de puente, una de cuyas mitades usará como domicilio y la otra como biblioteca. Es obra del arquitecto Rousseau, sobre un concepto parecido al de las casas juntas pero independientes de Diego Rivera y Frida Kahlo, diseñadas por Juan O'Gorrman. En especial la biblioteca es muy amplia, de dos pisos, a la vez austera y extrañamente acogedora, que entre sus amigos y admiradores pronto será conocida con ironía cariñosa como la Capilla Alfonsina. Por fin todos sus libros, obligados

En la Capilla Alfonsina con Alicia Reyes, nieta del autor.

Visita a la Capilla Alfonsina en la capital de México.

a peregrinar con él por sus diversos destinos diplomáticos o a espe-
rarle encajonados en casa de su suegra, podían reunirse de una manera bien ordenada y accesible. Muchos de esos volúmenes son primeras ediciones dedicadas por autores tan ilustres como Valle-Inclán,
Juan Ramón Jiménez, Paul Valéry, etc. Pero tampoco falta una amplia colección de novelas policíacas, a cuya lectura relajante don Alfonso era muy aficionado. Hoy esos libros se hallan repartidos entre
la Capilla Alfonsina del D. F., que permanece inalterada, tal como la
dejó su dueño, que tanto leyó, escribió y vivió en ella, y otra «capilla» en la Universidad de Monterrey, planeada tras la muerte del escritor, en cuyo TEC hay también una cátedra Alfonso Reyes y se
concede un premio que lleva su nombre en cuyo palmarés figuran
nombres tan reputados como André Malraux, Harold Bloom, Adol-
fo Bioy Casares, George Steiner, etc.

El recibimiento que tuvo Alfonso Reyes en México cuando por
fin se instaló allí resultó bastante frío. La prensa fue unánime en ig-
norar su regreso. Los colegas más patrioteros le reprochaban haber
cedido a las pecaminosas tentaciones del cosmopolitismo y no ser
suficientemente puro macho mexicano, mientras que, según los más
envidiosos, había llevado una vida «de ocio y comodidad» en lugar

de compartir las penalidades del país. Fue objeto de ataques e intrigas que amargaron su llegada y a los que se negó a responder. «[Mis amigos] quieren incitarme a que conteste y pelee por la prensa... ¡Parece mentira! Se apodera de mí poco a poco una tristeza seca.» Felizmente, no le faltaron compañeros devotos que le acompañaron y facilitaron su acomodo y sus nuevos proyectos: Genaro Estrada, Daniel Cosío Villegas, Manuel Sandoval... También escritores españoles asilados en México y a los que conocía de antaño, como Enrique Díez Canedo y José Moreno Villa. El gran maestro de filosofía y último rector de la Universidad de Madrid en la República, José Gaos, era un visitante asiduo de la «capilla». Y por supuesto muchos jóvenes escritores que le admiraban y que no compartían prejuicios o resquemores añejos contra él, como Octavio Paz.

Reyes conocía bien lo que es sentirse en tierra extraña, pero también lo que se padece cuando es el propio país el que se nos vuelve hostil y ajeno, preñado de amenazas. Y sabía que son los escritores y artistas quienes peor sufren esa situación por la mayor vulnerabilidad de su trabajo y también por su propia sensibilidad, receptiva ante el ambiente social e impresionable al máximo. En ese momento histórico, final de los años treinta y comienzo de los cuarenta del pasado siglo, el mundo vivía una de sus etapas más acerbas de enfrentamientos bélicos, regímenes totalitarios y persecuciones ideológicas. Combinando sus dos experiencias vitales, la de hombre de letras y la de diplomático, Reyes imagina un proyecto humanista en los más nobles sentidos de la palabra: crear en México un asilo para todos los sabios, literatos y artistas que fuesen víctimas de las tenebrosas circunstancias políticas. La presidencia progresista e ilustrada de Lázaro Cárdenas era la instancia gubernamental adecuada para prestar oídos a esta propuesta en aquellos días bastante insólita. Aunque no totalmente desusada, porque hacía bien poco que otro diplomático mexicano, Daniel Cosío Villegas, había convencido al presidente de fundar la Casa de España, con el propósito de traer a México y ayudar en cuanto fuera posible a los intelectuales españoles más amenazados por la Guerra Civil, cuyo sesgo adverso para las libertades resultaba cada vez más evidente. Conociendo las arraigadas y extensas relaciones de amistad que Alfonso Reyes tenía en la cultura española, el presidente Cárdenas le puso al frente de la Casa de España, convirtiendo a Cosío Villegas en su principal colaborador. Y así comenzó una dignísima empresa que confirmó los lazos supranacionales de la tarea intelectual y ayudó en momentos penosos a numerosos autores españoles, que a su vez hicieron mucho luego por el desarrollo cultural del país que les acogía y de otras naciones americanas.

No faltaron las dificultades internas y externas, que convirtieron a veces la tarea de Reyes en un cúmulo de disgustos: las relaciones personales no siempre cómodas con Cosío Villegas, los problemas logísticos de los viajes y el alojamiento de familias enteras, los celos de algunos escritores mexicanos que se consideraban postergados en relación con los españoles y las constantes rencillas entre los mismos españoles, que reproducían a veces dentro de su pequeña comunidad los antagonismos civiles que supuestamente habían dejado atrás al salir de la Península. Con todo ello supo lidiar convenientemente don Alfonso, de quien ha podido decirse que combinaba la eficacia de una autoridad «que no se siente» con la aún más eficaz cordialidad «que sí se siente». No sólo era un literato de gusto certero y un pensador más profundo de lo que a veces deja entrever su tono ligero, que huye de exhibiciones trascendentales, sino un excelente organizador de instituciones culturales. Para evitar las limitaciones de un circunstancialismo político ligado a la Guerra Civil española y obviar los riesgos de la sucesión de Lázaro Cárdenas, cuyo mandato presidencial terminaba ya, transformó la Casa de España en el Colegio de México, una institución apolítica y estrictamente académica, aunque sin renunciar a su propósito humanista original. También participó activamente en la fundación del Colegio Nacional, junto con los más selectos talentos mexicanos de su época; esa ilustre compañía, junto con el Premio Nacional de Literatura que se le otorgó, fueron desagravios por la recelosa frialdad con que se le había recibido en su patria. También influyó muy positivamente en la orientación de la editorial Fondo de Cultura Económica, fundada por el no menos emprendedor Cosío Villegas para publicar obras de economía, pero que luego se abrió a todas las ciencias humanas, la poesía, etc. Los exiliados españoles fueron esenciales aportando traducciones destacadas de diversas lenguas y temas, así como las propias obras de creación de José Gaos, David García-Bacca, Eduardo Nicol, Ferrater Mora, etc. Reyes ejerció de mediador para que el Fondo editara el gran poemario de Octavio Paz, *Libertad bajo palabra*, junto con muchas otras obras de quien sería el primer Premio Nobel de México. El Fondo de Cultura Económica no sólo fue importante en su país de origen, sino que supuso una fuente bibliográfica inapreciable para los españoles de mi generación, sometidos al forzoso ayuno de obras esenciales que nos imponía la dictadura franquista.

En esos últimos años, además de dedicarse a la revisión y edición definitiva de sus *Obras completas*, publica algunos de sus estudios mayores de crítica literaria, como *El deslinde*, quizá su obra teóricamente más ambiciosa, en la que trata de precisar qué es lo que define a la literatura. Pero sobre todo se dedica a escribir sobre temas de helenismo clásico, sean de crítica literaria, filosofía (Aristóteles fue su favorito) o religión. Entre esas obras destaca por su fecundidad de ideas *Junta de sombras* (¡precioso título!) y una sugestiva traducción en verso libre de la *Ilíada*, que quedó inacabada. Reyes no era ni pretendía ser un filólogo de la lengua griega ni un especialista académico en estudios clásicos. Se entregaba a ese mundo helénico con la pasión de quien quiere entender sus orígenes no por ñoña nostalgia, sino para comprenderse más radicalmente a sí mismo y a la civilización a la que pertenece: «Hay que contemplar a la Antigüedad con ojos vivos y alma de hombres». Porque la gran aportación de aquellos espíritus mediterráneos fue tomarse en serio y explorar a fondo tanto la subjetividad humana como lo objetivo real en que habitamos: «A los ojos del griego, el mundo exterior y el mundo interior realmente existen, y el griego no para mientras no puede verlos y asirlos. De ahí la civilización occidental». Y de ahí también la obra variada y curiosa de Alfonso Reyes, que a diferencia de tantos otros vivió la literatura como generosa amistad con sus colegas escritores y también supo ganarse de igual modo la amistad agradecida de los lectores.

MONTERREY

913 KM
10 H 3'

D. F.

MÉXICO D. F. - PARÍS   9.210 KM

MÉXICO D. F. - SAN SEBASTIÁN   9.107 KM

MÉXICO D. F. - MADRID   9.077 KM

MÉXICO D. F. - RÍO DE JANEIRO   7.674 KM

MÉXICO D. F. - BUENOS AIRES   7.372 KM

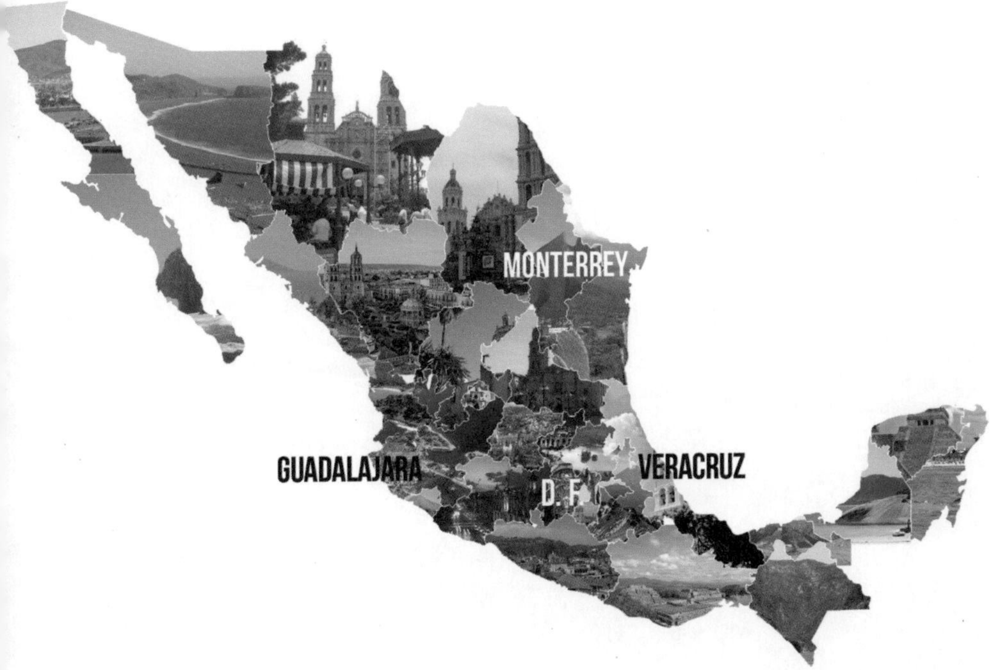
MONTERREY
GUADALAJARA
VERACRUZ
D. F.

Gustave Flaubert

GUSTAVE FLAUBERT
VILLA DE CROISSET, CANTELEU
RUÁN, ALTA NORMANDÍA

MÁS TARDE...

DICEN QUE EN EL ÚLTIMO ACTO ESTÁ REALMENTE MAGNÍFICA...- YO HE SENTIDO QUE NOS SALIÉRAMOS ANTES DE ACABAR.

DE TODAS MANERAS CREO QUE VA A DAR OTRA FUNCIÓN.

A MENOS QUE TÚ QUIERAS QUEDARTE SOLA, CARIÑO.

¡VAMOS DECÍDETE! HACES MAL EN NO VENIR SI SIENTES QUE TE HACE BIEN, POR POCO QUE SEA.

BUENO, ENTONCES QUEDAMOS DE ACUERDO EN QUE SE ANIMAN, ¿NO? MAÑANA A LAS SEIS.

YO NO PUEDO, ME ES IMPOSIBLE. EMMA DEBERÍA QUEDARSE

YO NO SÉ...

YA LO PENSARÁS. LO CONSULTAS CON LA ALMOHADA.

MADAME BOVARY - GUSTAVE FLAUBERT

El escritor impenitente

Un alma se mide por la dimensión de su deseo, como
se juzga por adelantado a las catedrales por la altura de
sus campanarios.

Escritores, no hace falta ni decirlo, los hay de muchas clases. Porque
se puede escribir para conseguir la fama o para ganar dinero, para
apaciguar fantasmas interiores (Hemingway decía que él no tenía
psicoanalista sino máquina de escribir) o para propagarlos y darse el
gusto de ver como también otros perecen devorados por ellos (modelo Poe o Lovecraft), para denunciar abusos políticos o para corre-
gir defectos morales, a veces para descansar de otras ocupaciones
mundanas y otras para demostrar que sí, que uno también puede
hacerlo, para deplorar el mundo y burlarse de él o para celebrarlo,
etc. La lista de motivos puede sin duda prolongarse aún mucho más.
Pero hay un tipo de escritor, quizá el más raro y más sugestivo de
todos, para el que escribir no es un medio de conseguir algo sino un
fin en sí mismo, la finalidad irremediable y única de la vida. No tiene
pretextos para el texto que segrega, como la araña el hilo de su tela;
nada en la vida le sirve para justificar su escritura, sino que es ésta la
que justifica su vida, convertida en simple requisito para poder escribir. Samuel Beckett decía que un escritor que explica lo que escribe
es como un caracol que explica su concha. Gustave Flaubert per-

tenece a esta exigente e insólita cofradía. Él mismo se declaró un hombre-pluma, que sentía a través de ella, padecía y gozaba gracias a ella, una máquina de escribir humana. Para él, cuanto no venía a la existencia como literatura o para la literatura era meramente accesorio o, aún peor, dañina distracción. ¿Una vocación inhumana? Nada más lejos de la realidad, porque Flaubert conoció y describió la condición humana como muy pocos antes o después que él. En su obra toda la humanidad (la suya y la de los demás) se hizo literatura, sin perder por ello ningún latido de emoción, ningún éxtasis, ningún gemido.

Para comprender y disfrutar sus libros basta desde luego con leerlos, siempre más de una vez porque se trata de un autor *adictivo*, que crea hábito o vicio si preferimos decirlo así. Pero para entenderle a él mismo y rastrear las fuentes más íntimas de su imaginación creadora hay que visitar Normandía, esa privilegiada región francesa de singulares paisajes y lugares cargados de historia, magníficamente sensual en sus colores y sabores, pero también escenario de episodios bélicos sangrientos tanto antiguos como modernos. La capital de la Alta Normandía es Ruán, caracterizada por Victor Hugo como «la ciudad de los cien campanarios» (el colosal Hugo siempre exageraba un poco) y elogiada por Stendhal como «la Atenas del gótico»,

Ruán, capital de la Normandía de Flaubert.

lo cual también es pasarse bastante. Pero desmesuras aparte, Ruán es una hermosa ciudad llena de itinerarios evocadores y rincones que merecen el sosiego de un buen vaso de vino. Su flanco literario está suntuosamente cubierto de huellas ilustres, porque allí nacieron el dramaturgo Pierre Corneille y su hermano Thomas, el ilustrado Bernard de Fontenelle (autor de *Conversaciones sobre la pluralidad de los mundos*, en que se habla de la posibilidad de otros planetas habitados), Maurice Leblanc (el creador de Auguste Lupin, ladrón de guante blanco), el también dramaturgo Armand Salacrou... En ella estudió André Gide y pasó temporadas Proust en su juventud. En cuanto a pintores, la villa normanda también va bien servida: fue cuna de Théodore Géricault, el autor de *Le radeau de la Méduse*, y su catedral obsesionó a Claude Monet (un contemporáneo veinte años más joven que Flaubert), que la pintó docenas de veces, bajo todas las luces y desde todos los ángulos, en todas las estaciones. También se debe a Claude Monet una sugestiva vista de la ciudad desde una de las colinas que la circundan, impresionismo en estado puro y despojado, manchas de color difuminadas en las que se adivina el Sena que la divide a su paso y destacan los dos promontorios de la catedral y las torres de Saint-Maclou. Una panorámica elevada como ésta es la que describe una página famosa de *Madame Bovary*, cuando la provinciana Emma descubre la capital desde *La golondrina*, la diligencia que la traslada a sus amores y su desventura. Y si nos interesamos por la historia, en su plaza mayor ardió en sacrificio místico y heroico Juana de Arco, doncella de Orleans y símbolo de Francia. También nació aquí el presidente François Hollande, aunque sin duda su inmolación política por culpa de las medidas de austeridad europeas no tenga una grandeza comparable...

Volvamos a lo que más nos interesa. En esta vieja capital de Ruán vio la luz por primera vez Gustave Flaubert, el 12 de diciembre de 1821, en el hospital Hôtel-Dieu, donde su padre, Achille-Cléophas, era el respetado y admirado cirujano jefe. Su madre, Anne-Caroline, también hija de médico, tenía vínculos de parentesco con familias normandas del más rancio abolengo. Le habían precedido su hermano Achille, ocho años mayor que él, y cuatro hermanitos que murieron al poco de nacer, lo que aumentó el júbilo materno

El cuarto dónde nació Flaubert.

con el que fue recibido el robusto Gustave. Tres años después nace su
hermana Carolina, la «ratita buena» por la que Gustave sentirá verdadera adoración. Comparten una infancia feliz en sus habitaciones del
Hôtel-Dieu, aunque con un fondo fúnebre: a menudo, encaramados
a un árbol, ven desde la ventana del jardín las mesas de la morgue
donde los cadáveres esperan la disección. Hoy pueden visitarse esas
salas en las que transcurrieron los primeros años de Flaubert, jugando con la pequeña Carolina, entre el padre científico, volteriano,
autoritario, y la madre piadosa y posesiva. Gustave era de temperamento soñador, fantasioso, y le encantaba que le contasen o le leye-
sen historias. Un vecino amable, padre de uno de sus amiguitos, le
leyó cuando tenía ocho años episodios del *Quijote*, y ese libro será su
preferido durante toda su vida. En la escuela fue un estudiante muy
dotado, pero indisciplinado hasta la insolencia y con una pasión temprana aunque ya irrefrenable: escribir. Encuentra un profesor, Gour-
gaud, que le anima, y desde los doce a los quince años escribe más de
una docena de obritas de todos los géneros, aunque prefiere lo fantástico de tintes diabólicos y lo incipientemente filosófico. En las
vacaciones se dedica a representaciones teatrales caseras de piezas
clásicas en la sala de billar de su padre, con la ayuda devota de su
hermana Carolina. También figuran en esos juegos dramáticos otros

amigos de su edad, como Laura Le Poittevin (que muchos años después será madre de Guy de Maupassant) y su hermano Alfred, cinco años mayor que Gustave y que ejercerá una gran influencia sobre él.

Los veranos de su adolescencia los pasa en casas de familiares y amigos en varias localidades cercanas a Ruán, como Déville-lès-Rouen, Pont-l'Évêque, Nogent-sur-Seine. El viajero actual disfrutará también del encanto que persiste en todas ellas; incluso puede alojarse en la granja de Geffose, hoy un albergue exclusivo donde se conmemora con simpáticos detalles alusivos la obra de aquel joven huésped entonces aún desconocido. Pero cuando su padre compró una casa en Deauville, fue allí donde disfrutó de la mayor parte de sus veranos, bañándose y retozando en la magnífica playa de Trouville, como hoy siguen haciendo tantos miles de afortunados. Cierto día, cuando tenía algo más de quince años, ve a una guapa bañista que le deslumbra como si fuese Venus saliendo de las aguas. Es Élisa, amante del editor de música Maurice Schlésinger, con la que éste se casará poco después. Más que amor a primera vista es una fascinación adolescente, a la vez sensual y platónica, que debe mucho a la imaginación y que durará gran parte de su vida. Su trasunto literario será descrito treinta años después por Flaubert en *La educación senti-*

La residencia de Gefosse, donde pasó temporadas juveniles Flaubert.

mental. Élisa y Maurice, al que secretamente parece que le divertía la pasión muda de Gustave por su mujer, frecuentarán al joven durante varias temporadas y la amistad de los tres durará toda la vida. A su modo más literario que otra cosa, Flaubert jugará a suponer que Élisa es el único y no consumado gran amor de su vida. La práctica erótica del escritor mezcló los desbordamientos más sensuales y un evidente deleite por lo obsceno con amistades femeninas sublimadas por la inteligencia a las que en su correspondencia hizo confidentes de sus reflexiones más personales sobre el arte y la vida. A una de ellas le escribió: «Si soy, en lo referente a lo venéreo, un hombre tan cuerdo, es porque pasé muy temprano un desenfreno superior a mi edad e intencionalmente, con el fin de saber. Hay pocas mujeres que, por lo menos en mi cabeza, no haya desvestido de arriba abajo. He trabajado la carne como artista y la conozco. Me he encargado de hacer libros capaces de poner rijosos a los más fríos. En cuanto al amor, ha sido el gran tema de reflexión de toda mi vida».

Mientras completa sus estudios escolares y continúa escribiendo docenas de obritas narrativas y dramáticas, así como trabajos más académicos sobre historia, zoología o filosofía, Gustave, que era un muchacho alto, robusto y guapo, se las arregla sin excesivo entusiasmo pero bastante curiosidad para regalar su virginidad a la mucama de su madre. Pero su afecto más apasionado va hacia Alfred Le Poittevin, el amigo que le aconseja en lecturas decisivas (Rabelais, Montaigne, Sade, Spinoza, Byron...) y con el que pasa veladas de arrebato discutiendo temas literarios y también más vitales, como el mal y el bien, el placer, las perversiones... A él le dedica *Memorias de un loco,* una especie de confesión personal aún inmadura pero donde ya están algunos de los elementos que luego serán característicos del autor. Tras una especie de año sabático concedido por su padre como final del bachillerato (Schopenhauer disfrutó de un privilegio semejante) durante el que viaja por los Pirineos, el País Vasco, Nimes, la costa mediterránea, Córcega... y Marsella, donde en un albergue conoce a la fogosa Eulalie Foucaud, que le revela cosas inolvidables, a Gustave no le queda más remedio que iniciar los estudios de derecho en la Sorbona, como desea —o más bien exige— su progenitor. En París vive como un estudiante de pocos recursos y alivia su aislamiento de provinciano fuera de su ambiente con visitas al matrimonio Schlésinger, rondando a la idealizada Élisa pero sin decidirse a ir más allá en su relación... ni siquiera cuando la bella parece finalmente mejor dispuesta a recibir homenajes más concretos. Mientras lucha con infinito aburrimiento con las asignaturas jurídicas, escribe «Noviembre», un relato erótico aún hiperromántico en el que no faltan atisbos de lo que luego será la historia de Emma Bovary, y traba amistad con Maxime du Camp, otro hijo de cirujano, como él, que también tiene ansias de escribir. En las vacaciones veraniegas tiene nuevas experiencias amorosas con la preceptora de su hermana Carolina y con una guapa inglesita a la que conoce, cómo no, en la playa de Trouville.

Por fin aprueba a trancas y barrancas el primer curso de la carrera de derecho, lo que proporciona más contento a su progenitor que a él, pero después fracasa rotundamente en el examen del segundo año. Esta derrota le sume en la depresión, hasta el punto de pensar en renunciar a escribir, a las mujeres, a todo... ya que no es capaz de renunciar como quisiera a la maldita abogacía. ¿Cómo explicarle a su padre que no quiere estudiar leyes sino dedicarse plenamente a la literatura? Para el estricto y tozudo doctor Flaubert, cuyo hijo mayor sigue triunfalmente estudios de medicina con su pleno beneplácito, la literatura es un placer de ociosos, un entretenimiento

Trouville, la playa del joven Flaubert.

En Trouville, los carteles del célebre cartelista Savignac aún le recuerdan.

en el mejor de los casos y una culpable pérdida de tiempo en el peor de ellos. Ya que su segundo hijo no puede ser también médico como Dios manda, por lo menos que sea abogado, que es una carrera respetable. Pero escritor... ¡por favor, seamos serios! Gustave se siente así mortalmente atrapado, hasta que de pronto se le ofrece la más insólita de las escapatorias. Sucede durante las fiestas de fin de año de 1843, durante un paseo en fiacre con su hermano Achille por las cercanías de Pont-l'Évêque (éste es el primer fiacre que tiene relevancia en la biografía de Flaubert; el siguiente aparecerá en un capítulo de *Madame Bovary* y se hará mucho más célebre). De pronto, Gustave sufre un violento ataque de apariencia epiléptica, se ve arrastrado «por un torrente de llamas» y se siente morir. Durante las semanas siguientes sufre recaídas, cae en una especie de coma y se teme seriamente por su vida. Los médicos, bastante desconcertados por la súbita y agresiva dolencia, le imponen absoluto reposo en su cuarto, le suprimen el alcohol y el tabaco, y le auguran que necesitará por lo menos un año de convalecencia. Éstas son las malas noticias, a las que acompaña una buena, qué digo buena, buenísima: su padre se resigna a considerarle inválido y le permite renunciar a los estudios de derecho. Los especialistas nunca se han puesto de acuerdo sobre la exacta naturaleza de la enfermedad de Flaubert: no fue puro fingimiento o invención suya, sin duda, porque con los mismos síntomas epilépticos le sobrevino después en otras épocas de su vida; pero le llegó de modo tan providencial y despejó de modo tan afor-

194

tunado el camino de su vocación —inválido para la fastidiosa abogacía pero más apto que nunca para la gentil literatura— que es difícil
resistirse a suponer que algo hubo de *deliberado* en tan espontánea y
benéfica dolencia...

Por esa época, sus padres adquieren una segunda residencia para
los veranos a las puertas de Ruán, a orillas del Sena. Es Croisset, una
bonita casa del siglo XVIII con un hermoso jardín que desciende
hasta el río. A Gustave le entusiasma desde la primera vez que la ve y
allí se traslada con todos sus libros, para comenzar su nueva existencia de «inválido», que tan atribulado tiene a su padre (para el cual
secretamente es un desgraciado inútil) y que tanto le entusiasma a él.
A partir de entonces, Croisset será el epicentro de su vida. Allí escribirá la mayor parte de su obra; allí pasará enclaustrado casi todo el
tiempo, leyendo, preparando sus libros, soñándolos, desesperado y feliz, y allí será donde muera. Una calificación tópica de mil gacetille-
ros le consagrará como «el ermitaño de Croisset». Hoy ya no existe
la mansión ni gran parte del jardín (aunque aún puede situarse más
o menos el *gueuloir*, el paseo entre árboles que recorría vociferando
los pasajes que acababa de escribir para ver cómo sonaban). Sólo queda un pequeño pabellón al que se retiraba para escribir, donde aún se

El pabellón de Croisset, donde el escritor compuso la mayoría de su obra.

guardan algunos de sus objetos más personales y se conserva el pequeño balcón sobre el Sena al que salía tras horas de escritura para
tomar el aire y distraerse viendo a los pescadores, los cuales solían
orientar su navegación fluvial con la perpetua luz que a altas horas
de la noche lucía allí. Si quieren conocer por dentro ese modesto
santuario ármense de paciencia, porque la burocracia cultural correspondiente establece un calendario y un horario de visitas más bien
disuasorios. Hablo por experiencia propia...

En 1845 su querida hermana Carolina se casa con un compañero de colegio de Gustave al que éste aprecia mediocremente..., sobre
todo porque va a privarle de la niña de sus ojos. Los recién casados
emprenden viaje de bodas por Italia acompañados de toda la familia
Flaubert... ¡Cosas de aquellos tiempos! En Génova visitan el palacio
Balbi y en él Flaubert se queda atrapado ante un cuadro de Brueghel, *La tentación de San Antonio* (que ya no se encuentra allí; ahora
pertenece a una colección particular). En esa abigarrada imagen encuentra fantasmas personales: la soledad poblada por fantasías lúbri-
cas o amenazantes, el torbellino de las seducciones del mundo, la
dificultad de discernir lo que salva de lo que condena cuando uno
está aislado en el desierto... Lo apunta todo en su cuaderno de notas
y le comunica a su amigo y mentor Alfred Le Poittevin que acaricia
la idea de escribir algún día una obra sobre este tema. De vuelta en
Croisset, la salud de Gustave —lejos de la facultad de derecho—
cada día es mejor, reforzada con grandes dosis de Shakespeare y Cervantes. En cambio, su decepcionado padre se deteriora a ojos vistas.
Un flemón en la pierna le hace sufrir y debe ser operado por su hijo
mayor, Achille, en noviembre del 45. Pero la infección se le genera-
liza y a mediados de enero fallece víctima de la septicemia. Es un
evidente trauma familiar y personal para Gustave, que siempre recuerda a su padre con buenas palabras aunque los lectores más aten-
tos de su obra (Sartre, Vargas Llosa...) encuentran en ella ramalazos
de revancha contra el positivismo autoritario, falto de imaginación y
no irrefutablemente sabio que encarnó su poderosa figura. Pero lo
peor está por llegar, porque dos meses después Carolina da a luz una
niña que llevará su mismo nombre y en una semana muere víctima
de las fiebres puerperales que hasta el descubrimiento del doctor

Semelweiss pocos años después se encargaban de diezmar a las jóvenes madres. Carolina sólo tenía veintiún años y su hermano la adoraba. El viudo, devastado por su pérdida, se considera incapaz de cuidar a la recién nacida y la entrega a su suegra. De modo que Gustave se encuentra recluido en Croisset con su madre viuda —de la que depende financieramente, detalle no menor—, la sobrinita huérfana con pocos meses de vida y el recuerdo de su hermana perdida supurando aún como una llaga abierta (su busto permanecerá toda la vida junto a su escritorio). Y siguen para él los sinsabores del aciago 1846: su amigo del alma Alfred Le Poittevin se casa con Louise de Maupassant, lo que le supone un disgusto casi como de traición amorosa. Por cierto que ese mismo año, invirtiendo la jugada, la hermana de Alfred, Louise, se casa con el hermano de la otra Louise, Gustave de Maupassant, que serán luego los padres de un tal Guy, escritor de renombre y discípulo de Flaubert. ¡Y luego hay quien considera improbables las tramas llamadas novelescas!

Los amigos se esfuerzan por entretener al desolado Gustave. A Maxime du Camp le acompaña en esta tarea Louis Bouilhet, un antiguo condiscípulo que también quiere ser poeta y con quien Flaubert se irá identificando cada vez más (no sólo espiritualmente, sino también en lo físico; acabarán pareciendo casi hermanos gemelos...). Pero el verdadero alivio de luto vendrá por otro lado. A la muerte del doctor Flaubert (que será sustituido al frente del Hôtel-Dieu por su hijo mayor; a Achille muerto, Achille puesto), la municipalidad de Ruán encarga un busto en su memoria. El escultor encargado de realizarlo es James Pradier, un artista parisino célebre y, además, pariente lejano de la familia Flaubert. En el estudio de Pradier no sólo encontraba acomodo la inspiración del creador sino también la del enamorado: cuando recién salido de la adolescencia Gustave lo frecuentaba, se cruzó en él más de una vez con Victor Hugo, que allí conoció a Juliette Drouet. Volvió ahora de nuevo el hijo para ver cómo iba realizándose el monumento de su padre y allí pudo admirar a una de sus modelos ocasionales, Louise Colet. Era una dama de treinta y seis años, estaba considerada una de las mujeres más bellas de París y gozaba de cierta reputación como poetisa pero sobre todo como enamorada de los amoríos. Y eso aunque está casada con un flautista que le ha dado su apellido, lo cual no compromete demasiado, y además es la amante oficial de un gran preboste universitario, el catedrático de filosofía Victor Cousin, lo cual suena ya más imponente. Pero Gustave, que es alto, fornido, hermoso como un antiguo guerrero normando y sobre todo voluntariamente casto desde hace muchos meses, es una presa irresistible y que además ofrece poca o ninguna resistencia a las artes de la seductora. Se hacen amantes casi de inmediato y con muy buen entendimiento erótico y literario. Sin embargo, sus vidas son difíciles de conjuntar, porque ella no piensa dejar París, donde vive su hija aún muy pequeña, por no mencionar al marido flautista y al amante filósofo, mientras que Gustave está convencido de que si abandona Croisset su madre morirá indefectiblemente. Por suerte acaba de inventarse el ferrocarril y gracias a él pueden reunirse de vez en cuando en Mantes-la-Jolie (villa en cuyo asedio fue herido de muerte cientos de años antes Guillermo el Conquistador) o en la capital, pero siempre entre quejas, reproches y lamentos por verse tan separados. El beneficio colateral de ese relativamente forzoso distanciamiento es que, cuanto menos se ven, más se escriben: entre Gustave y Louise componen a cuatro manos una de las más bellas correspondencias amorosas de la literatura francesa, en la que no escasean. Las cartas que se cruzan son apasionadas, sensuales, melodramáticas, y a veces le sirven a Gustave para adelantar elementos de lo que luego será su preceptiva literaria: «Lo que me parece a mí lo más elevado en el Arte (y lo más difícil) no es ni hacer reír, ni hacer llorar, ni poneros cachondos o furiosos, sino obrar como la naturaleza misma, es decir, hacer soñar» (26 de agosto de 1853). Los encuentros amorosos languidecen, se hacen cada vez menos frecuentes, pero la correspondencia continúa incluso años después de que se hayan interrumpido del todo. Para Gustave el sexo y hasta el amor son importantes y reales, pero lo más real e importante es siempre lo que la transfiguración literaria puede lograr de ellos...

Al regreso de un viaje por Bretaña con Maxime du Camp, Flaubert se entera de que su mejor amigo, Alfred Le Poittevin, padece una enfermedad fatal. Gustave corre a su cabecera y asiste a su agonía entre grandes dolores y a su muerte a los treinta y dos años. Mientras vela el cadáver, lee sobre las religiones de la Antigüedad y prolonga sus estudios sobre griegos y latinos, que debían en primera instancia darle material para un futuro «cuento oriental». En ese momento de duelo decide ponerse a escribir *La tentación de San Antonio* como homenaje a su desaparecido amigo Alfred. A partir de ese momento se encierra en Croisset y, durante los siguientes dieciséis meses, concentra su prodigiosa capacidad de trabajo en escribir el original de su primer *San Antonio,* la obra con la que soñó prácticamente desde la infancia y sobre la que luego volverá una y otra vez, casi sin cesar, hasta el final de su vida.

Gustave Flaubert escribía de una forma minuciosa, recurrente, infinitamente deliberada. Primero, se documentaba exhaustivamente con toda clase de fuentes no sólo sobre el tema central del libro que preparaba, sino también sobre cualquier aspecto mencionado tangencialmente en él. Más de una vez leía un par de gruesos volúmenes sólo para añadir un nombre, un juguete, la ubicación de un edificio. Estas lecturas previas (complementadas a veces con viajes a los lugares de la acción, etc.) se fueron haciendo cada vez más copiosas y obsesivas, hasta llegar a la ciclópea biblioteca de muchos miles de volúmenes que consultó para preparar su libro finalmente truncado por la muerte, *Bouvard y Pécuchet.* Esta fijación en la exactitud de los detalles y el decorado de su narración contrasta con su obstinada negativa a considerarse un escritor «realista», como le proclamaron algunos de los que se decían sus discípulos. No, Flaubert no creía que la literatura debería ser realista, sino que la realidad debía llegar a ser plenamente literaria. Lo importante era el estilo, la materia verbal bien manejada. «Todo el talento de escribir no consiste a fin de cuentas más que en la elección de las palabras», le confiesa en una carta a Louise Colet. De ahí que su mayor ambición fuese llegar a escribir un libro que tratase de «nada», cuyo argumento fuese su propio despliegue de nombres, verbos, adjetivos, etc., dispuestos de tal modo que cada uno fuese intocable, necesario, que no se pudiera alterar ni una coma del conjunto. Pero ¡qué inmenso esfuerzo, qué largo camino de correcciones y dudas hasta alcanzar esa perfección inmutable! Sobre la mesa de trabajo de su pabellón de Croisset disponía tres grandes hojas de papel en paralelo. En la primera de ellas lanzaba su originario torrente narrativo, la aproximación espontánea e indeliberada a su tema. De ese borbotón fresco pero impreciso sobrevivía muy poca cosa, sólo un esbozo, una perspectiva apenas escorzada, un calificativo afortunado. En la segunda hoja recogía esas briznas y las moldeaba una y otra vez, tachando, reescribiendo, ampliando, suprimiendo, poniéndolo todo y todo volviéndolo a quitar. Un puzle prodigioso cuyo número de piezas nadie podía conocer previamente y cuyo diseño final sorprendía a su propio creador. Por fin, en la tercera página pasaba a limpio el resultado de tanto tejer y destejer, de modo que llegase a ser legible y se pareciese al ideal buscado. Aún quedaba un último paso, ver cómo *sonaba* aquello, pues la palabra no sólo es significado sino también eufonía, música. De modo que Gustave, tras el trabajo del día que continuaría probablemente hasta la alta madrugada, paseaba por la alameda contigua al pabellón (a la que llamaba su *gueuloir*), recitando a gritos las líneas que acababa de concluir y que quería dar por definitivas. Era el último paso, hasta comenzar de nuevo con la página siguiente. Y así un día tras otro, durante varios años por cada libro. Sin casi más alivio que salir de vez en cuando al balconcillo del pabellón para contemplar un rato a los pescadores y los barcos que pasaban por el Sena.

¿Cómo habría sido el estilo de Flaubert de haber preferido la espontaneidad y la improvisación arrebatada en lugar de castigar su prosa hasta borrarlas por completo? Probablemente encontramos la respuesta en las más de cuatro mil cartas conservadas de él, algunas de ellas (sobre todo las dirigidas a Louise Colet, George Sand y alguna otra amiga) consideradas por bastantes como lo mejor de toda su obra. Son jugosas, procaces, truculentas, melancólicas, teatrales y casi siempre divertidas. En ellas está Gustave en cuerpo y alma, mórbido y casi palpable..., lo cual es precisamente lo que las aleja del ideal literario de su autor. Porque la vitalidad de esa correspondencia la garantiza la presencia multiforme de la personalidad de quien las firma, mientras que el estilo que quiere alcanzar en sus novelas se basa en un punto de vista impersonal, necesario y purgado de subjetivismos. «El artista debe estar en su obra como Dios en la creación —le escribe en cierta ocasión a otra de sus confidentes epistolares, mademoiselle Leroyer de Chantepie—, invisible y todopoderoso, que se le sienta por todas partes pero que no pueda vérsele.» Desde luego esto son radicalismos teóricos, desmentidos cien veces en cada capítulo por contraejemplos flagrantes, y las obras no empeoran ni mucho menos por desviarse así del paradigma. Pero nadie puede negar la insólita ambición del ideal literario de Flaubert, su esfuerzo prometeico y rabiosamente moderno por conseguir una escritura que no tuviera fuera de sí misma sus condicionamientos artísticos sino que los crease.

Toda esta exigencia de documentación previa exhaustiva y refinamiento estilístico supremo aún funciona sólo a media máquina cuando Flaubert escribe su primera versión de *La tentación de San Antonio*. De modo que termina la obra en dieciséis meses de absorbente entrega, un plazo, sin embargo, de brevedad casi frívola juzgado con los parámetros del propio escritor en años posteriores. Como tantos otros antes y después de él, y resulta casi conmovedor decirlo, el joven Gustave está convencido de que ha escrito un libro que señalará un hito insuperable en la historia de la literatura. De modo que invita a Croisset a sus dos mejores amigos, Maxime du Camp y Louis Bouilhet, que además son colegas en quehaceres literarios, para leérselo *in extenso* y recibir su veredicto, que no duda que será entusiasta. La lectura exaltada y declamatoria de la *Tentación* (poco impersonal, desde luego) dura nada menos que tres días, durante los cuales los dos amigos guardan silencio de acuerdo con el pacto de «no me digáis nada hasta que acabe». Pero lo que oye al final no es lo que él esperaba. Ninguno de los amigos entiende ni palabra de la serie inacabable de alucinaciones retumbantes en las que se mezclan lirismo rapsódico y oscuras teosofías. Puestos de acuerdo, ambos coinciden en aconsejar que «hay que arrojar la obra al fuego y no hablar más del asunto». La decepción de Flaubert es tremenda; al principio se rebela (y aún más su madre, convencida de la mala fe de los amigos) y trata de justificarse literariamente, pero al final se rinde a la evidencia. Se ha equivocado de manera terrible y, sin embargo, no arroja al fuego el libro ni renuncia a él, sino que sólo queda aplazado. Más adelante llegará por fin la hora de san Antonio...

Entretanto, para curarse del despecho y de paso recoger materiales para nuevas obras, Gustave se va a Oriente con su amigo Maxime du Camp. El viaje durará nada menos que año y medio. La parte más notable será el recorrido por Egipto: Alejandría, El Cairo, las pirámides, la Esfinge y cuatro meses de navegación por el Nilo. Maxime du Camp es un pionero de la fotografía y se dedica a retratar lugares memorables, mientras que a Flaubert le irrita ese nuevo arte («nunca sale lo que uno ha visto», gruñe) y prefiere tomar notas incansablemente. El periplo tiene todos los ingredientes aventureros: el desierto y la agonía de la sed, las infecciones exóticas y las fornicaciones —que no lo son menos— con odaliscas de perfume dulzón y carnalidad agobiante como la famosa cortesana Kuchiuk Hanem, que les introduce en el lado porno de las mil y una noches... Después siguen a través del Líbano, visitan Nazaret y Caná, embarcan hacia Constantinopla para más tarde llegar a Grecia, recorriendo Atenas, Eleusis y Maratón, cabalgando por el Peloponeso, cruzando el Adriático hasta Bríndisi y de allí rematando su jornada en Nápoles.

La villa del Vesubio les enamora, con su vitalismo y su colorido abrumador. También con la belleza de las napolitanas y de sus réplicas en las esculturas de Herculano: «Hay una toda desnuda acostada sobre un leopardo y que le da a beber en una taza de oro... ¡ah, cuánto hubiera dado yo por ser ese leopardo!». De todo ello encontraremos luego apuntes o rebrotes en las páginas de *Salambó* o el cuento dedicado a Herodías. En los viajes largos pueden trabarse amistades leales, pero también se desmoronan otras que parecían muy sólidas. Tras año y medio de correrías, Gustave y Maxime están ya bastante hartos el uno del otro. Pretextando asuntos en París, Du Camp se escabulle por la vía rápida y es sustituido nada menos que por la madre de Flaubert, empeñada en acompañar a su hijo largo tiempo añorado en las últimas etapas de su viaje. Madre e hijo recorren las bellezas artísticas de Roma, Florencia y Venecia, disfrutando de su variada riqueza (a Flaubert le interesa mucho más el arte que la naturaleza y asegura que no cambiaría el Vaticano por todos los glaciares), aunque esta compañía protectora hace que Gustave se sienta como en libertad vigilada. Cuando por fin llega a Croisset y deshace los baúles, casi podemos oír su «¡uf!» de alivio.

Flaubert reencuentra sus viejas rutinas, entre las que se halla Louise Colet. Le tienta por un momento escribir la crónica de su viaje por Oriente, género literario que estaba muy en boga, pero no se decide. Sería algo demasiado cómodo, de poco compromiso, y además se vería obligado a suprimir demasiadas evocaciones eróticas jugosas para no desafiar a la censura. Tampoco quiere repetir la experiencia metafísica y declamatoria de su fallido *San Antonio*. No, lo que busca es escribir la auténtica novela moderna, ese enigmático libro que versa sobre «nada» y al que todavía nadie se ha atrevido. El cañamazo argumental que prefiere es frágil, una simple anécdota vulgar y sórdida de la crónica de sucesos. Se la sugiere el patético destino de un antiguo alumno de su padre, Eugène Delamare, médico en la pequeña localidad normanda de Ry, casado en segundas nupcias con Delphine Couturier, que lo engañó para suicidarse luego con veneno. El doctor Delamare murió de pena poco después. El tema es propio de un melodrama, y para completarlo Flaubert recurrirá a algunos escritos de juventud, como «Noviembre» o «Pasión y virtud». Una de las características del autor es regresar una y otra vez al semillero de sus primeros escritos, nunca abandonados del todo, que con el paso de los años vuelven a renacer, transfigurados. También tiene otra fuente de información íntima de primera mano: las «Memorias de madame Ludovica», una especie de diario de los diversos amoríos de Louise Colet establecido por su mucama (y con-

Una farmacia en Ry, el pueblo que supuestamente inspiró el Yonville de Madame Bovary.

seguido por Flaubert de modo más artero que elegante), donde no sólo se habla de sexo sino también de preocupaciones financieras, de imprudencias que pueden llevar al embargo, de antiguos amantes que se desentienden de la querida cuando a ésta le vienen mal dadas, etc. Pero en el fondo todo esto es lo de menos. Lo que cuenta es el trabajo incansable del estilo, terso, pulido hasta lo increíble, calculadamente impersonal pero a la vez inmensamente sugestivo para la subjetividad que lo disfruta. Podemos ir al pueblo de Ry, en cuya única calle voluntariosos letreros pretenden localizar la «verdadera» casa de Charles Bovary o la «auténtica» farmacia del señor Homais. O buscar la tumba de la adúltera Delphine Couturier y de su pobre marido, convertidos a título póstumo en célebres personajes literarios. La verdad de *Madame Bovary* está en las páginas del libro, como quiso su autor, no fuera de él. Aunque el punto de partida sea algún suceso real, o algún recuerdo del escritor, es el vuelo disciplinado de la imaginación que crea con palabras lo que permanece como algo imperecedero. Por otro lado, algunos de los personajes más memorables son plenamente inventados, como el cura Bournisien, el preceptor Binet y sobre todo el farmacéutico Homais, antiprotagonista de la novela y triunfador tan ridículo como inevitable del drama. Aunque desde luego está Emma Bovary, frustrada, sensual, ilusa, depredadora, verdugo y víctima enredada en pasiones e intereses, paciente de la mediocridad provinciana, pero también de la mediocridad de la existencia misma con su perpetuo choque entre nuestros anhelos y nuestros límites. «Un Quijote con faldas», como la describió Orte-

Tumba de la inspiradora involuntaria de Madame Bovary.

204

ga y Gasset, pero mucho más cruel y también más desdichada que el caballero de la triste figura...

La composición de la novela le lleva a Flaubert cuatro años de enorme trabajo y no menor felicidad. Primero se publicará por entregas en *La Revue de Paris*, que dirige su amigo Maxime du Camp. Todo hace pensar que este fotógrafo que se tenía por vanguardista era en realidad un arribista filisteo. Como la revista había tenido ya algunos encontronazos con el poder imperial y temía a los censores, Du Camp se dedicó a masivos cortes preventivos de las escenas de la novela con mayor contenido erótico, entre ellas la célebre del fiacre (la más lúbrica de la literatura moderna, en que no se ve nada y se puede fantasear todo, prueba de que el órgano erótico por excelencia es la imaginación). Los cortes provocaron el previsible enfado del escritor, que exigió publicar una nota explicando que el original había sido «retocado» para su publicación en la revista. Y ello tuvo como consecuencia lo contrario de lo que pretendía Du Camp, porque en lugar de apaciguar a la censura despertó su suspicacia. El texto fue examinado con lupa y, finalmente, la publicación en volumen fue suspendida y su autor, procesado por ultraje a las buenas costumbres y la religión. El juicio despierta pasiones, los acusados son apoyados por personalidades importantes y la defensa que lleva a cabo Senard, un abogado de Ruán, es todo lo competente y tramposa que requiere el caso. Flaubert y *La Revue de Paris* son absueltos, y aunque el tribunal le reprocha excesos, la calidad artística del libro es oficialmente reconocida. Seis meses más tarde, el mismo fiscal que llevó la acusación contra *Madame Bovary* logró la condena de *Las flores del mal* de Baudelaire y de su editor; ese tal Pinard tuvo el triste honor de perseguir a la mejor obra en prosa y la mejor en verso de la literatura francesa de su siglo.

Como no hay mejor publicidad que el escándalo, tanto en aquella época como en la nuestra, el proceso hace célebre inmediatamente a la novela y a su autor. La crítica se divide en su valoración, pero los ataques de la derecha son compensados por el entusiasmo de Baudelaire, el reconocimiento gruñón de Sainte-Beuve y hasta algunos cumplidos de Barbey d'Aurevilly, que luego será el enemigo mortal de Flaubert. En cualquier caso, el éxito de ventas está asegurado. Flaubert se codea en París con figuras de las letras como los hermanos Goncourt, Baudelaire, Feydeau o Théophile Gautier, pero se interesa bastante más por el mundillo de las jóvenes actrices y otras señoritas de moral dudosa pero atractivo indudable. De inmediato se pone a buscar el tema para una nueva novela. Prefiere evitar las referencias al presente, que ya ha visto que despiertan iras entre los más conservadores, y se aleja hasta un pasado remoto que le permitirá desplegar toda la suntuosidad de su estilo de forma menos arriesgada. Inicia la recogida de datos y la avalancha de lecturas sobre la antigua Cartago, las costumbres púnicas, el mundo de Amílcar y de Aníbal que para él será el decorado de *Salambó*. Incluso viaja de nuevo por Argelia y Túnez para refrescar sus recuerdos del norte de África, donde ambientará su nuevo y muy complejo relato. Las lecturas previas le sumergen en el piélago abigarrado y sugestivo de las religiones antiguas, que siempre le han fascinado, como bien demuestran las sucesivas versiones de su *San Antonio*. *Salambó* es una novela completamente distinta de *Madame Bovary*, hasta el punto de que se hace difícil atribuir ambas al mismo autor...; el único parentesco es la calidad suprema, exacta y sonora de su prosa. El argumento es un inmenso fresco bárbaro, que rezuma sangre, batallas, asedios, fieras encadenadas y hombres que se parecen a ellas, ídolos, magia, aventuras portentosas, amores. Algo así como un colosal *peplum* que sublima novelescamente lo que un siglo después se filmará en Cinecittà. Cunde un penetrante perfume de especias y de hachís, una embriaguez oriental. La obra la escribe en un año pero tarda cinco en prepararla, documentarse y pulirla.

Las negociaciones con el editor Michel Lévy son largas, porque Flaubert le impone firmar el contrato de edición sin lectura previa del original. También rechaza todas las ilustraciones que tratan de endosarle. Finalmente, aparece el libro y causa sensación. Hay bastantes reproches, por ejemplo los de Sainte-Beuve, que le acusa —no sin razón— de «sadismo», o los del arqueólogo Froehner, que le señala inexactitudes históricas, como si *Salambó* pretendiese ser una obra académica. A todos contesta Gustave, en el segundo caso con bastante irritación. El único comentario de la novela realmente generoso y favorable viene firmado por George Sand. Emociona a Flaubert, y a partir de ese momento inician una amistad que durará toda la vida y una correspondencia que no desmerece de los corresponsales. Por lo demás, la obra fascina, deslumbra, escandaliza por su lubricidad sanguinaria (aunque en esta ocasión la censura no dice esta boca es mía) y se convierte desde el primer día en otro sonado éxito de ventas. Aún más, el retorno a la vieja Cartago llega a transformarse en una moda y se multiplican los bailes de disfraces y las operetas que se inspiran frívola o humorísticamente en ella. Se desencadena una auténtica *salambomanía* y Flaubert se convierte en el hombre del día de los salones literarios, donde frecuenta a Renan, a Turguéniev, a Taine y desde luego a su nueva amiga George Sand. Sin embargo, eso no le basta. Cuando George Sand le habla del placer de no hacer nada, Gustave protesta: «En cuanto no estoy haciendo un libro o soñando con escribir uno, me invade un hastío clamoroso. La vida no me resulta tolerable más que si se la escamotea». De modo que hay que ponerse de nuevo a trabajar.

Su contrato con el editor Michel Lévy establece que ahora debe escribir una novela de asunto moderno. Después de varios tanteos, se decide por el argumento de lo que titulará *La educación sentimental*, donde se mezcla una trama amorosa con los acontecimientos políticos y sociales que marcaron el final de la monarquía y el comienzo de la Segunda República francesa. Es una época que ha vivido y que conoce bien; en realidad, lo que pretende describir es la frustración de su propia generación, ejemplificada por dos trayectorias vitales que fracasan, una persiguiendo el amor y otra arrastrada por la ambición. La novela viene precedida, según la costumbre del autor, por seis meses de estudio sobre las circunstancias políticas, económicas, etc. de la época en que ambientará el relato. Va a llenar cinco mil páginas de notas y borradores, y tardará no menos de cincuenta y seis meses en completar la obra. La mayor parte del tiempo trabaja encerrado como el tópico ermitaño en Croisset, sin otra compañía que su madre porque su sobrina Carolina se ha casado a los dieciocho años con un comerciante de maderas. Pero efectúa de vez en cuando escapadas a los salones para hacer vida social. Se reúne frecuentemente con sus amigos escritores y también con mujeres que significan su pasado o su presente amoroso. Va a Baden, donde está haciendo una cura aquella Élisa Schlésinger, la hermosa bañista que le deslumbró cuando era adolescente en la playa de Trouville. Es el fondo autobiográfico de la pasión de Fréderic por la señora Moreau, siempre aplazada a lo largo de los años hasta hacerse imposible, hilo central de *La educación sentimental*. Pero Gustave también frecuenta medios más aristocráticos, y aunque rehúye con desprecio a Napoleón III y algo menos a la emperatriz, se convierte en un asiduo del salón literario de la princesa Matilde, en cuya casa acaba cenando todos los miércoles cuando está en París.

Es otra de las contradicciones de este hombre que tanto abunda en ellas, quizá porque es mucho más sincero en sus apasionamientos que en sus principios. Por un lado, aborrece las jerarquías oficiales y los honores estereotipados. Cuando Renan y Taine compiten denodadamente por un puesto en la Academia, se burla: «¿En qué puede honrarles la Academia? Cuando uno es alguien, ¿por qué empeñarse en ser algo?». De vez en cuando repite como una máxima sagrada: «Los honores deshonran, el título degrada, la función embrutece». Y, sin embargo, precisamente por esos años el furibundo Flaubert, no hace mucho juzgado por desacato a las buenas costumbres y la religión, recibe de manos del emperador al que proclama despreciar las insignias de la Legión de Honor. Pero yo diría que no hay hipocresía en él, a pesar de estos vaivenes que dan pábulo a los dardos envenenados de quienes le detestan. Porque hay algo a lo que nunca renunció, a lo que siempre fue insobornablemente fiel. Se lo reveló a su discípulo Guy de Maupassant, cuyas dotes literarias admiraba pero de quien pensaba que derrochaba su precioso tiempo vital en ejercicios físicos excesivos (remo, putas, borracheras...). Así que le gruñe, edificante a pesar suyo. «Lo que te faltan son los principios. Se diga lo que se diga, son necesarios. Falta saber cuáles son. Para un artista no hay más que uno: sacrificarlo todo al Arte. La vida debe ser considerada por él como un medio, nada más, y la primera persona que no debe importarle un pimiento es él mismo». Con la vida personal se puede hacer lo que sea, por humillante o ridículo que resulte, siempre que no se pierda de vista que lo que cuenta es el Arte; en este punto principal, Gustave Flaubert jamás se contradijo.

Si su editor quería una novela «moderna», fue bien servido por Flaubert. *La educación sentimental* era tan moderna que no la entendió nadie. Sus meandros argumentales, la diversidad de puntos de vista narrativos, los personajes contradictorios y nunca sublimes, los mecanismos sociales imponiéndose a las intenciones subjetivas, el papel del azar y de lo eventual en el relato, como en nuestra cotidianidad, la apariencia inconcluyente de cuanto se apunta y no se desarrolla... Todo el futuro de la novela estaba en ese libro, que todo el mundo se apresuró a rechazar. El fracaso fue monumental. La crítica se puso por una vez escandalosamente de acuerdo... en equivocarse, claro. Se motejó el libro de incomprensible, vacuo, vulgar, inmoral... cualquier cosa, siempre que fuese derogatoria. No logrará venderse ni siquiera la primera edición de tres mil ejemplares. El bueno de Flaubert estaba más atónito que puramente dolido. «Pero vamos a ver —se queja en una de sus cartas—, ¿puede usted decirme por qué no les gusta *La educación sentimental*?» Nunca llegará a digerir del todo este rechazo tan monumental de un libro de cuyo valor artístico estaba seguro.

Pese a este revés, Flaubert no tarda en ponerse de nuevo al tajo. En esta ocasión piensa retomar su *Tentación de San Antonio*, al que ya comienza a considerar el proyecto de toda su vida. Naturalmente, ahora sus exigencias literarias son mucho más refinadas, de modo que todo lo escrito hasta la fecha sobre el tema no le servirá más que de apunte o complemento ocasional. Pero apenas ha comenzado la tarea preparatoria del libro cuando le interrumpen dos desastres, uno de índole personal y otro nacional. El primero es la muerte de su amigo y casi álter ego Louis Bouilhet, su confidente literario más sincero y menos pretencioso, a los cuarenta y siete años. Devastado por el golpe, Flaubert se dedica a reafirmar su memoria. Escribe un prefacio a las *Dernières chansons* de su amigo en el que rinde tributo a su pasión común por la literatura y que es lo más parecido a un manifiesto artístico que redactó jamás. Además, se enzarza en una polémica con el consejo municipal de Ruán, que se había negado a financiar un monumento a la memoria del poeta fallecido. Hoy existe y puede contemplarse en la calle Jacques Villon de la capital normanda; el busto que lo preside podría pasar por ser el de su amigo Gustave. A la muerte de este amigo la siguen precipitadamente otras de gente también relevante en su vida, como Sainte-Beuve, Jules de Goncourt y Jules Duplan, un notario y hombre de negocios que siempre había estado junto a Flaubert para ayudarle en sus asuntos, resolverle problemas, escuchar sus cuitas o prestarle fondos. ¡Qué importantes y qué poco conocidos suelen ser estos ángeles protectores de los grandes artistas, entre la turba de quienes los maltratan o les hacen perder tiempo con sus mezquindades! En cuanto al desastre nacional, se trata del derrumbe del imperio tras la derrota de Sedán frente a los prusianos. París es ocupado, y cuando Gustave, patriótico y animoso, ya se ha hecho elegir teniente de la Guardia Nacional para ir en su rescate, resulta que el enemigo invade Croisset. El escritor entierra apresuradamente sus manuscritos en el jardín, instala a su madre en Ruán y él mismo se refugia en casa de su sobrina Carolina. En cuanto amaina la tormenta, se va a Bélgica con Alejandro Dumas, hijo, para visitar a su exiliada anfitriona, la princesa Matilde. Después los prusianos se marchan, la historia sigue su curso y Flaubert vuelve a Croisset para continuar escribiendo. Hay que dejar de lado los asuntos históricos de vida o muerte y volver a las cosas realmente importantes...

De nuevo en su mesa de escritura en Croisset, potro de torturas y también de delicias, Flaubert trabaja durante meses en la composición de *La tentación de San Antonio*, una escena fantástica y metafísica que le obsesiona como una alucinación desde que hace tantos años viese en Génova, en el Palazzo Balbi, el cuadro de Brueghel. El resultado definitivo tiene apariencia teatral pero es más bien un poema arrebatado, lleno de enigmas más sugestivos que plenamente inteligibles. Aparentemente, el argumento del libro es un repaso colorista y elocuente de las ideas teológicas que zumbaron en torno a los primeros siglos del cristianismo, llegadas del zoroastrismo persa, el maniqueísmo, las herejías cátaras, etc. En el fondo, la tentación de que se habla en la obra es la de todos los que quieren dar una explicación única y convincente del universo, de su origen y propósito, incluso de su destino. Una tentación que lleva a la frustración en el mejor de los casos y a abominaciones aberrantes en el peor de ellos, pero que fracasa necesariamente siempre, sea en tiempos pasados o en la modernidad. La tesis deriva del pesimismo de Flaubert, radical, cósmico, y que se va ensanchando y profundizando con los años. Mientras Gustave se debate poniendo voz literaria a estas difíciles elucubraciones, muere su madre, por la que tanto se ha sacrificado pero que tanto apoyo le ha dado. Ahora se queda solo en Croisset, recuerdo entre recuerdos, fantasma entre fantasmas.

Aunque en el momento de su publicación *La tentación de San Antonio* parece despertar interés y hasta se diría que está destinada al éxito, la realidad es que sorprende más de lo que convence. La labor de zapa coral de una crítica malintencionada acaba imponiéndose y el libro se convierte en otro fiasco de ventas. Aunque nunca le falta el apoyo de algunos de los mejores espíritus de su época, como Zola o Guy de Maupassant, atacar y ridiculizar a Flaubert se ha convertido en un pasatiempo de los plumíferos menos recomendables pero más abundantes. Y, sin embargo, el hombre-pluma continúa tenaz, fiel a su destino. Ahora su proyecto, en el que comenzó a pensar casi diez años antes, es *Bouvard y Pécuchet*, la historia tragicómica de dos autodidactas con mejor voluntad que grandes luces que quieren reinventar todos los saberes del mundo. El tema le excita intelectualmente en el más alto grado, pero exige un acopio de lecturas preparatorias aún mas monumental que de costumbre. Cuando se dispone a comenzar la escritura propiamente dicha de la obra, recibe un inesperado golpe financiero. El marido de su sobrina incurre en una quiebra escandalosa, que arrastra consigo al desastre las inversiones que Flaubert había hecho en la empresa familiar para ayudarles. Tiene que vender su propiedad en Deauville, pero ni siquiera eso basta para enjugar el déficit. Hasta entonces el escritor había podido vivir modesta pero confortablemente de sus rentas, pero ahora se encuentra a la intemperie. Este revés le deja temporalmente demasiado abatido para continuar una obra de tan ambiciosa envergadura como *Bouvard y Pécuchet*, pero no tanto como para dejar de escribir, que sería en su caso como renunciar a respirar o a vivir. De modo que decide entretenerse con algunas piezas menores...

A veces la profunda maestría de un artista salta a la vista con mayor nitidez en la miniatura que en el fresco colosal, por impresionante y logrado que sea éste. Los *Tres cuentos* de Flaubert son breves pero de transparente perfección. En ellos hay ecos de sus grandes novelas: el desolado costumbrismo de *Madame Bovary* vuelve en «Un corazón sencillo», las crueles orgías orientales de *Salambó* asoman en «Herodías», y la teología alucinatoria y enigmática de *La tentación de*

San Antonio está presente en «La leyenda de san Julián el Hospitalario», donde expone a su modo el piadoso relato que había visto desplegarse desde su infancia a modo de cómic medieval en una vidriera de la catedral de Ruán. Cada uno de los tres cuentos tiene su propia manera de volverse inolvidable, pero probablemente sea «Un corazón sencillo» el que llega efectivamente más derecho e inapelable al lector. Flaubert no es un escritor con preocupaciones «sociales» (sólo las artísticas le parecen aceptables), y la idea de una literatura «comprometida» con algo exterior a la literatura misma le hubiera sonado ridícula o abominable. Sin embargo, nada más socialmente comprometido —sin abandonar ninguno de los requisitos del arte más exigente— que la historia de Felicité (ambientada en Honfleur y Pont-l'Évêque, gratísimos lugares normandos hasta para quienes ignoran culpablemente a Flaubert), la buena mujer siempre abnegada y siempre menospreciada, que pasa por el mundo sin hacer daño a nadie y ayudando a todos los que puede, a unos con amor, a otros

El loro de
«Un alma sencilla».

con su servicio o con simple sumisión, a unos terceros con la mera compañía, venerando a quienes no lo merecen: amantes egoístas, una patrona abusiva, y así bajando escalón tras escalón hasta llegar al culto de latría a un simple loro disecado. La historia de Felicité es la suya personal, única e imborrable gracias a Flaubert, pero también la peripecia ejemplar de quienes nacen —como dijo memorablemente Thomas Jefferson— con una silla de montar en el lomo, para que se monten sobre ellos los que creen haber nacido con espuelas desde la cuna. Flaubert había pensado dedicar este precioso cuento a George Sand, y el punto final del relato coincidió con la muerte de la escritora. Con ella perdió Gustave a la mujer que fue su más comprensiva amiga, sin que el erotismo se mezclase en su relación. Un rasgo curioso: los tres cuentos concluyen en una nota piadosa, francamente mística o que al menos parece tender a lo edificante. Y en su correspondencia Flaubert descarta que estos finales sean irónicos o burlescos. Por otro lado, continuó tan irreligioso hasta el último día como el primero. ¿Se trata de otra contradicción suya... o nuestra?

Los *Tres cuentos* marcan una pausa de dos años, tras la que vuelve a trabajar febrilmente sobre *Bouvard y Pécuchet*, sátira documentadísima del afán enciclopédico, una parodia tomada muy en serio (de nuevo al fondo vemos la sombra de don Quijote, otro demente bibliómano) que a veces alcanza cimas de humor de ese que hace juntamente sonreír y pensar. En el trasfondo de la novela está un antiguo *Diccionario de tópicos* con el que un Gustave joven y juguetón había fantaseado; debía ser un libro que se burlase de todo y de todos, pero dejando siempre al lector en la duda de si se le hablaba de veras o se le tomaba el pelo (por ejemplo, «"censura": útil, se diga lo que se diga; "francés": el primer pueblo del universo; "erección": dígase sólo hablando de monumentos públicos, etc.»). La pareja de copistas, redimidos de su tarea ancilar por una providencial herencia, navegan por todas las disciplinas, ciencias, artesanías y saberes con entrega e improvisación (un poco como hoy deambulan por la red tantos internautas poco cautos), sólo para descubrir que los fundamentos se desfondan, las certidumbres son inciertas y los principios se desmienten entre sí. Al final de su largo recorrido, que Flaubert sólo pudo escribir a medias, ambos debían volver más humillados que humildes a sus mesas de copistas, tal como el Cándido volteriano se conformó a la postre con cultivar su jardín.

Flaubert se ha convertido por necesidad en el ermitaño que en otros momentos de su vida jugó a ser. Le abruman los agobios financieros, porque las consecuencias de la quiebra del marido de su sobrina no dejan de darle disgustos. Y también la salud se deteriora: primero los ojos, gastados en tantas consultas y lecturas enciclopédicas... para finalmente reírse del enciclopedismo. Después contrae una hepatitis viral que le obliga a guardar cama mucho más tiempo de lo que quisiera. Por último, sufre una mala caída y se fractura el peroné. Es como la muerte en calderilla... Sólo le alivia la compañía del joven Guy de Maupassant, hijo de su amiga Laura Le Poittevin y sobrino de Alfred, su mejor amigo de juventud tan prematuramente desaparecido. A pesar de su celebridad y del respeto que inspira, Gustave Flaubert vive casi en la pobreza. Las parsimoniosas reediciones de sus libros le ganan algunos lectores más en las nuevas generaciones, pero no aumentan demasiado los beneficios crematísticos. De modo que sus amigos mejor situados en las altas esferas, como la princesa Matilde o Hippolyte Taine, convencen al ministro Jules Ferry de que le conceda una modesta sinecura en pago a sus servicios (inexistentes) como conservador de la biblioteca Mazarino. A Flaubert le da un poco de vergüenza este apaño, pero se consuela pensando que quizá pueda reembolsar el «préstamo» al Estado cuando *Bouvard y Pécuchet* empiece a venderse... ¡Tantos bribones no tienen escrúpulos en saquear las arcas públicas y es el clásico viviente quien debe enrojecer por ser tratado como lo que es, parte de la riqueza nacional!

La primavera de 1880 en Croisset ha sido estupenda, y el verano se anuncia todavía mejor. Flaubert se prepara para pasar unos días en París con los amigos y luego regresar con nuevas fuerzas a su tarea, a su mundo, a su destino ineludible: escribir. El 8 de mayo, por la mañana, al salir del baño, sufre un ataque cerebral y muere en poco más de una hora. A su entierro en el cementerio de Ruán asisten sus amigos y fieles seguidores, Maupassant, Zola, Goncourt, a los que apreciaba pero que le impacientaban un poco con su manía de proclamarle padre de la escuela realista. Fue enterrado cerca de la tumba que él mismo procuró para su amigo Louis Bouilhet, y ahora tiene también como veci-

Tumba de Flaubert
en el cementerio
de Ruán.

no a otro célebre revoltoso, Marcel Duchamp, en cuya lápida se afirma:
«A fin de cuentas, los que se mueren son siempre los demás». En el
entierro propiamente dicho hubo sus dificultades porque la fosa resultó pequeña para el ataúd de quien hasta el final tuvo corpachón de
guerrero normando. Una anécdota macabra con valor metafórico:
Gustave Flaubert no cabe en ninguna fosa, en ningún cementerio, la
tierra entera no basta para cubrirle. Su último reposo sin sosiego deben ser las estanterías de la biblioteca donde puedan seguir buscándole
los más capaces de reclamarle para la vida incansable del arte.

TROUVILLE
DEAUVILLE

FÉCAMP
ÉTRETAT

HONFLEUR

RY

RUÁN
CROISSET

CAEN

MANTES-LA-JOLIE
PARÍS

Stefan Zweig

QUERIDO AMIGO SIGMUND,
POR PRIMERA VEZ DESCUBRÍ A UN
VERDADERO SABIO, QUE SE HA...
ELEVADO POR ENCIMA DE...
...DIA SITUACIÓN, QUE...
...ERIMIENTO...

MI HIJO MURIÓ AYER (...) ESTUVE DURMIENDO 3 O 4 HORAS EN EL DURO ASIENTO Y ENTRETANTO SE LO LLEVÓ LA MUERTE...

AHORA SÓLO TE TENGO A TI (...) SÓLO A TI, QUE NUNCA ME HAS CONOCIDO PERO AL QUE SIEMPRE HE QUERIDO.

SI SOSTIENES ESTA CARTA EN TUS MANOS, SABRÁS QUE UNA MUERTA TE ESTÁ EXPLICANDO AQUÍ SU VIDA, UNA VIDA QUE FUE SIEMPRE LA TUYA, DESDE LA PRIMERA HASTA LA ÚLTIMA HORA.

CADA NOCHE ESPERABA DELANTE DE TU CASA ( ) ENCONTRARTE UNA SOLA VEZ ERA MI ANHELO. SUCEDIÓ AL CABO DE UNA SEMANA.

TE HABÍAS DETENIDO A MIRARME (...) ME OBSERVABAS CON UNA MEZCLA DE CURIOSIDAD E INTERÉS. NO ME HABÍAS RECONOCIDO.

DOS DÍAS MÁS TARDE COMÍAMOS EN UN RESTAURANTE PEQUEÑO. ¿TE ACUERDAS DE DÓNDE FUE?
EN LA PUERTA DEL RESTAURANTE ME PREGUNTASTE SI TENÍA PRISA (...) ¿CÓMO HUBIESE PODIDO
OCULTAR QUE ESTABA A TU DISPOSICIÓN?

VOLVÍ UNA VEZ MÁS Y FUE MARAVILLOSO. AÚN ME REGALASTE UNA   DURANTE DOS MESES ESTUVE PRE-
TERCERA NOCHE. DESPUÉS ME DIJISTE QUE TENÍAS QUE SALIR DE   GUNTANDO SI HABÍA ALGO PARA MÍ.
VIAJE, Y PROMETISTE AVISARME CUANDO ESTUVIERAS DE VUELTA.   HACÍA TIEMPO QUE HABÍAS VUELTO.

MI HIJO MURIÓ AYER. TAMBIÉN ERA TU HIJO, EL HIJO DE UNA DE LAS TRES NOCHES... (...) NO SE
MIENTE A LA SOMBRA DE LA MUERTE. PERO... ¿QUIÉN TE MANDARÁ AHORA LAS ROSAS BLANCAS POR TU
CUMPLEAÑOS?

CARTA DE UNA DESCONOCIDA - STEFAN ZWEIG

Un europeo atormentado

El hombre, en nosotros, dice: «Sólo el hondo pesar
te hace vivir en verdad este tiempo, y sentir la guerra».
Pero la vida dice: «¡Sólo con alegría te rescatas del
tiempo, vences la guerra!».

¿Qué es lo que lo mata cuando un hombre decide matarse a sí mismo? ¿La pérdida del amor? ¿El fracaso? ¿El sufrimiento de la enfermedad? ¿La miseria? ¿La vergüenza o el deshonor? A la hora de su suicidio, muy lejos de su patria, en una pequeña ciudad de otro continente, Stefan Zweig era un escritor mundialmente conocido y admirado, probablemente el mayor *best-seller* de su siglo; aunque los nazis habían quemado y prohibido sus libros, invadido su país y expoliado su casa, junto con sus más queridas posesiones, los derechos de autor de sus obras, traducidas a todos los idiomas, le garantizaban una más que desahogada posición económica; gozaba de una salud razonablemente buena a sus sesenta y un años, recién casado en segundas nupcias con una joven esposa que le adoraba hasta el punto de sacrificarse y morir junto a él; su reputación de líder intelectual europeo y pacifista de primera hora le convertía en un referente moral para muchos, aunque no faltasen controversias en torno a su ejecutoria, como las que conoce toda destacada figura pública... ¿Por qué entonces ese suicidio que conmovió a tantos lectores y que algunos alzaron al rango de culpa histórica, como André Maurois, que advirtió solemnemente: «Los hombres de bien deberían meditar sobre la responsabilidad y la vergüenza de una civilización capaz de crear un mundo donde Stefan Zweig no ha podido vivir»? No hay una respuesta definitiva, pues el suicidio siempre encierra un enigma, pero repasar su vida y su obra quizá nos ayude a comprender algo mejor ese acto final, fatal.

Sobre la vida de Stefan Zweig y la muerte voluntaria de Stefan Zweig (nadie vive por voluntad propia, pero puede morir por ella) existen numerosas biografías de calidad, cuyo número aumenta casi cada año con la aportación de nuevos detalles más o menos relevantes. También su primera mujer escribió un interesante testimonio sobre él, y por supuesto está su imprescindible correspondencia con Sigmund Freud, Hermann Hesse, Joseph Roth, etc. Pero el libro fundamental para conocer el texto y el contexto de la vida de Zweig es su autobiografía *El mundo de ayer*, reveladoramente subtitulada «Memorias de un europeo», escrita en los últimos meses de su vida, mientras vagaba de un lugar a otro, y publicada póstumamente. No sólo se trata de un libro interesante desde el punto de vista documental (tiene omisiones tan sorprendentes como no contar absolutamente nada de su vida amorosa ni de las numerosas mujeres que la compartieron), sino que posee valor intrínseco: es una de las obras maestras de la literatura del siglo xx, probablemente lo mejor que salió de la pluma fecunda del autor. En las siguientes páginas acudiré a ella siempre que sea necesario... o placentero.

Stefan Zweig nació en 1881 en Viena, en el seno de una acomodada familia de judíos no practicantes pero orgullosamente conscientes de serlo. Su padre, Moritz, había llegado a ser, a fuerza de trabajo y prudencia en su administración, uno de los industriales más importantes del imperio. Su madre, Ida, pertenecía a la estirpe de los Brettauer, una importante familia de banqueros internacionales (su padre fue uno de los banqueros del Vaticano). Stefan fue el segundo de sus hijos. A pesar de su desahogada posición económica, la familia Zweig no era amiga de lujos ni derroches. Vivían de una manera confortable pero nada ostentosa, y transmitieron a sus hijos los principios de una cauta contención en los gastos y de la importancia

Casa natal de Stefan Zweig en Viena.

ante todo del trabajo serio, la formalidad y la cultura. Hablaban varios idiomas (desde su primera infancia Stefan se acostumbró a expresarse en francés, inglés, italiano y alemán), amaban la música como buenos vieneses (el padre, auténtico melómano, tocaba el piano y la madre cantaba), apreciaban el teatro y la poesía, y sobre todo valoraban la educación. Los niños son el futuro del progreso, considerado ya en eterno e imparable avance, y por tanto deben estar bien preparados para protagonizarlo.

Cuando busca una fórmula para definir la época del imperio en cuya capital nació, Zweig dice que era «la edad de oro de la seguridad». Todo estaba asentado definitivamente de modo inmutable, tanto ética como políticamente: el emperador ha de permanecer eternamente joven, la tradición es sagrada y el progreso hacia lo mejor sigue un camino sin sacudidas ni precipitaciones. Sólo en el mundo del arte son bienvenidas las novedades, siempre que no sean estrambóticas. Los vieneses son aficionados fanáticos al arte, sobre todo a la música y el teatro, pero también a la literatura, a la pintura... A los artistas admirados se les considera dioses sobre la Tierra (Stefan Zweig guardará toda su vida esta fascinación fetichista por los grandes hombres), y quienes son amigos del peluquero de un gran actor o de la modista de una soprano se consideran privilegiados, elegidos. Se vive para el arte y se padece por el arte, aunque sea desde lejos; la cocinera semianalfabeta de la familia Zweig se presenta un día llorando, desolada por la noticia de la muerte de una diva a la que nunca había oído y de la que sólo conocía el nombre y la gloria. Cuando en 1888 el Burgtheater, coliseo emblemático y grandioso de la ciudad, tuvo que ser derruido, Viena se conmocionó. Después de finalizar la última representación, la gente subió al escenario para llevarse astillas y restos de las tablas sobre las que habían actuado sus artistas más amados, y luego, durante décadas, en las casas de principales o humildes familias vienesas fueron «conservadas en urnas costosas como se conservan los fragmentos de la Santa Cruz en las iglesias», según testifica el propio Zweig. Por lo demás, el orondo temperamento de aquellos ciudadanos se concentraba en la máxima muy repetida entre ellos de «vivir y dejar vivir», una sabiduría algo ramplona pero que al atormentado Zweig, al final de su vida, le parecía más humana que cualquier imperativo categórico.

Moritz Zweig es moderado y tranquilo, no busca destacar en la buena sociedad ni impresionar a nadie con su riqueza. Los dos domicilios que la familia ocupa sucesivamente, Schottenring 14 y Rathausstrasse 17, están situados en los mejores barrios de Viena y son dignos en su confort pero poco ostentosos. Se contenta con su amada música, con pasear de vez en cuando por las montañas cercanas a Viena y con recibir a sus amigos en veladas cordiales. En cambio Ida, su mujer, posee un carácter mucho más apasionado y bullicioso. Le gustan las joyas, los vestidos a la última moda y el ajetreo mundano (esta última vocación se verá dificultada por una temprana sordera). Se ocupa de sus hijos y de su educación pero los mantiene a distancia, sin dejar que invadan con sus puerilidades el ámbito de los adultos. El mayor afán de ambos no es la acumulación de dinero o bienes materiales, como el vulgo supone que apetecen todos los judíos. No desdeñan estas ganancias pero no son su principal objetivo. Su ideal es otro, tal como cuenta su hijo Stefan: «El deseo propiamente dicho del judío, su ideal inmanente, es ascender al mundo del espíritu, a un estrato cultural superior». Por eso, tras alguna vacilación, apoyarán la vocación literaria de su hijo como una fuente de prestigio familiar.

Domicilio de la familia Zweig en Viena; actualmente es un hotel.

Stefan fue un niño sensible y emotivo, que alternaba una docilidad casi sospechosa con arrebatos de mal genio. Un niño mimado, sin duda, con pocos motivos de queja en su plácida existencia. No se le ocurre cuestionar la disciplina tan tierna como rigurosa que le impone la autoridad paterna, pero le fastidia cuanto reprime su carácter impulsivo. Desde muy pequeño le gusta leer y amontona en su cuarto docenas de cuentos infantiles que le hacen sentir por primera vez los placeres ilimitados de la imaginación. Los libros ya han desembarcado en su vida para no volver a levar anclas jamás. Me refiero a los libros de fantasía y entretenimiento, porque los manuales escolares le aburren soberanamente. Contra la escuela que padeció, tradicionalista, rutinaria y mutiladora, no tiene retrospectivamente más que palabras muy duras: «No recuerdo haberme sentido alegre y feliz en ningún momento de mis años escolares —monótonos, despiadados e insípidos— que nos amargaron a conciencia la época más libre y hermosa de la vida». Tampoco fue amigo de los juegos más o menos violentos, ni de ningún deporte o ejercicio al aire libre (salvo pasear, uno de los consuelos de sus últimos años). Ni siquiera aprendió nunca a montar en bicicleta, algo por lo que le estoy sumamente agradecido, porque ya no me siento tan único en el padecimiento de esa rara impericia.

Un aspecto en que la sociedad vienesa de aquel momento contrastaba con la que vino después era su profunda desconfianza hacia la juventud. Ser de fiar y respetable implicaba un aire *senior* que los jóvenes procuraban darse cuanto antes por medio de ceñudas barbas, trajes severos de tres piezas y, si se podía, incluso una cierta barriga incipiente. La flexibilidad ágil, graciosa y desaliñada despertaba sospechas, al contrario que ahora, cuando hasta los magistrados del Tribunal Supremo van en bermudas y con el pelo teñido de violeta a la menor oportunidad. Para ocupar cualquier cargo de responsabilidad, antes que ninguna otra prueba de competencia, se exigía un aspecto canoso, incluso benévolamente provecto; el nombramiento de Gustav Mahler como director de la Ópera de la Corte suscitó cierto escándalo porque el maestro, muy reputado y todo lo que ustedes quieran, sólo tenía treinta y ocho años. Pero los ídolos de los más jóvenes eran precisamente esos otros jóvenes que a pesar de serlo se abrían paso en el mundo artístico (el único ámbito en el que tal extravagancia podía tener su recelosa cabida). Los poetas tenían derecho a ser personalmente jóvenes si sus versos eran aprobados por su madurez. Cuando uno de los críticos más reputados de Viena quiso conocer al autor de

Domicilio en Viena de Stefan Zweig.

unas páginas que le habían admirado y le dio cita en un céntrico café, se quedó asombrado al ver que no era más que un joven estudiante casi de pantalón corto: Hugo von Hofmannsthal, una de las más tempranas y perdurables veneraciones de Stefan, poco —ay— o nada correspondida. También él comienza a escribir versos muy temprano, como otros compañeros de clase. Y son bien recibidos y hasta prontamente publicados por revistas selectas...

Cuando Stefan cumplió los quince años, su padre le regaló un breve manuscrito de Mozart. No podía haber obsequio que apreciase más, hasta el punto de que fue el comienzo de una vocación coleccionista de manuscritos y recuerdos personales de grandes artistas que Zweig cultivó con pasión hasta sus últimos años, en la que invirtió gran parte del dinero que ganaba y cuya dispersión forzosa al llegar los nazis fue uno de los mayores disgustos de su vida. En esa colección se revelaba, mejor que en ningún otro rasgo de carácter, la fijación de Stefan por los grandes hombres incluso más que por las grandes obras; antes que lo creado le fascinaban el acto mismo de crear y la voluntad creadora, con todas sus vacilaciones, enmiendas y aciertos geniales. El borrador reflejaba mejor esa voluntad en marcha que el manuscrito una vez acabado y corregido. Probablemente, al ponerse a escribir Zweig siempre tuvo esa inseguridad fundamental que obsesiona al autor ante la página que se le ofrece: ¿qué valor tiene lo que estoy haciendo? Poseer los autógrafos, victoriosos pese a las tachaduras, de quienes triunfaron en la incierta tarea debía de darle cierto ánimo y también una especie de consuelo. Su posesión más preciada, el escritorio de Beethoven con sus sencillos complementos utilitarios, representaba a sus ojos un campo de batalla donde el genio había luchado contra sus fantasmas y limitaciones, logrando superar los obstáculos. Ese escritorio era Austerlitz, no Waterloo. Y para él ese lugar físicamente reducido pero espiritualmente infinito era más importante y sugerente que el paisaje más hermoso, más impresionante que el mar o las grandes montañas. A Stefan Zweig no le interesó nunca la propia realidad, sea humana o natural, sino lo que los mejores artistas lograron hacer a partir de esos datos en bruto, insignificantes en sí mismos. ¡Y con qué arduo combate!

A pesar de los cuidados que le prodigaron, hasta de los mimos ocasionales, la infancia de Zweig no fue del todo feliz. Cuando era ya adulto confesó ante su primera esposa, Friderike, la frustración que le había producido cada Navidad el que sus padres nunca pusieran árbol festivo ni la celebraran de ningún modo, mientras que sus compañeros de curso y amigos tenían sus casas llenas de luces y regalos. Eso formaba parte de la ambigua relación de los padres de Stefan con el judaísmo: no eran practicantes, pero tampoco celebraban de ningún modo la Navidad (aunque la fiesta era ya lo suficientemente «laica» como para que muchos judíos pusieran el arbolito sin problemas). También Stefan mantuvo una actitud ambigua hacia su condición judía. No la negaba ni renegaba de ella, desde luego, pero también procuraba no verse nunca *definido* por esa causa. Su primer artículo se lo publicó precisamente Theodor Herzl, autor de *El Estado judío* y padre del sionismo. Herzl era redactor jefe de cultura en la *Neue Freie Presse*, una revista distinguida y muy apreciada por los padres de Stefan, de modo que la publicación de ese artículo le hizo subir muchos enteros a sus ojos. Tenía buenas razones para estarle agradecido. Sin duda la figura carismática de Herzl fascinaba a Zweig, buen coleccionista de grandes hombres, pero no a la mayoría de los judíos vieneses, que se tomaban a broma sus proyectos: ¿dejar la bella y civilizada Viena —llena de antisemitas, desde luego, pero a todo se acostumbra uno— para ir a vivir como pioneros en el desierto? Aunque Herzl trataba de convencerle de sus ideas, Zweig se resistía precisamente por cuestiones ideológicas; lo que él más apreciaba de la visión judía era su capacidad de cosmopolitismo, incluso de exilio, ese estar más allá de todas las fronteras nacionales, su condición de tábano que desquicia a «esa bestia sarnosa del nacionalismo». Si se convirtiera en otro Estado en competición con los demás perdería el que a ojos de Stefan Zweig era su mayor encanto y mérito moral. Quizá la mejor expresión, concentrada, de su relación con el judaísmo la encontremos en una carta a Martin Buber: «Ser judío no me supone ninguna carga, ni me eleva el espíritu, ni me atormenta ni me separa. Es como parte de mi ser, como los latidos de mi corazón, lo noto cuando pienso en ello, y no lo noto cuando no pienso en ello».

Como no podía ser menos siendo vienés, la primera escuela poética de Stefan Zweig fueron los cafés. (Eran lo que más echaba de menos en su exilio de Nueva York; en efecto, nada más opuesto a la cultura del café vienés que las cafeterías estadounidenses.) Primero fue el café Griensteidl, donde a finales del siglo XIX formó parte del grupo Joven Viena, núcleo inicial del modernismo literario vienés. Más tarde los jóvenes aspirantes a literatos se trasladaron al café Herrenhof, donde alternaban con un exiliado ruso que a Stefan le parecía bastante serio, León Trotski). Después vinieron el café Beethoven, el café Imperial (en un ala del enorme hotel del mismo nombre y cerca de la ópera, que también frecuentaron Gustav Mahler, Sigmund Freud y Karl Kraus) y otros varios. Escritos aún en la adolescencia, con dieciséis o diecisiete años, los poemas de Zweig fueron desde el principio bien aceptados, aunque después el autor maduro prefiriera olvidarlos. Se publicaban en revistas minoritarias pero distinguidas y en ellas los leían con aprobación sus padres. A los diecinueve años reunió varias docenas de ellos en su primer libro, *Silberne Saiten* («Cuerdas de plata»). Eran poemas musicales, a veces un poco enigmáticos, llenos de crepúsculos y lunas sugerentes, pero sobre todo de una abrumadora nostalgia. Revelan que la única experiencia vital del autor era meramente libresca y que sus pasiones y atroces desengaños los había leído en otros autores. Stefan cuidó con

Interior del Café Museum.

Café Central en Viena.

mimo la edición, la tipografía, etc., con el aprecio que siempre puso en esos detalles meramente formales, hasta que se lo dificultó la abundancia de ediciones y traducciones de sus obras. El libro tenía que ser una obra de arte en sí mismo, más allá de su contenido, del mismo modo que se preocupaba de la calidad estética de su exlibris, del dibujo que encabezaba el papel de sus cartas, de sus marcapáginas... Desde muy pronto, todos los manuscritos de sus obras, su correspondencia, etc. están escritos con una peculiar tinta violeta, que se convirtió en seña distintiva a primera vista para quienes le leían.

Como enseguida quedó claro que no sentía el menor interés por la industria ni los negocios familiares, de los que pronto empezaría a ocuparse con eficacia su hermano mayor Alfred, sus padres asumieron que sus estudios se encaminasen de forma más o menos clara hacia cuestiones humanísticas. A fin de cuentas, no tenía especiales preocupaciones económicas, pues a la fortuna ganada por su padre se le añadió una sustanciosa herencia de su abuela materna, Josefine Brettauer. Bajo el pretexto de una ampliación de sus estudios, se fue a pasar un semestre en Berlín. Allí amplió sus criterios literarios, y de sus ídolos vieneses (Hofmannsthal, Rilke, etc.) pasó a los autores franceses, especialmente Baudelaire en la poesía y Zola en la prosa. La capital alemana estaba mucho más descarnadamente viva que la lánguida Viena, y en ella latía algo desafiantemente moderno pero también amenazador y hasta brutal. Eso representó un cambio importante y pedagógico para nuestro joven vienés, hasta entonces envuelto en delicadas brumas. A su regreso comienza la tesis doctoral, para la que elige como tema la filosofía de Hippolyte Taine, un autor cuyas preferencias poco tenían que ver realmente con las suyas. Entonces se da cuenta de que no ha nacido para la teoría sino para describir situaciones y sentimientos. «En mí surgen sin excepción pensamientos sobre objetos, acontecimientos y personas, todo lo puramente técnico o metafísico soy incapaz de aprenderlo.» El personaje literario que entonces realmente le fascina es Verlaine, cuyos poemas traduce con auténtico mimo pasional (la traducción va a ser otra de sus habilidades mayores). Para acompañar la edición del poeta que ha preparado escribe un breve ensayo introductorio sobre él, la primera pieza de este género que sale de su pluma.

A pesar de su juventud, ya es una figura relevante en el mundillo intelectual vienés; publica poemas y artículos, y se convierte en centro de atención y envidia de otros letraheridos aún más jóvenes que él. Pero sobre todo empieza a desarrollar una afición que llegará a ser en él compulsiva y que finalmente se tornará en destino nada bienaventurado: viajar. Uno de sus primeros biógrafos, Antonin Vallentin, dijo más tarde que cuando uno conocía a Zweig siempre tenía la impresión de que en la habitación de al lado había una maleta a medio hacer. Un rasgo que compartía con André Gide, quien nunca deshacía del todo sus maletas por si de un momento a otro le entraba el impulso de partir. Se acabaron los viajes familiares a Marienbad, a las residencias de montaña o a los grandes hoteles junto a la calma de un lago. Ahora Stefan quiere conocer ciudades, pobladas por multitudes variopintas y contradictorias que puedan enseñarle novedades insólitas sobre la condición humana. Cuanto más exóticas y remotas, mejor. Aun así, su primer gran hallazgo es París, un amor a primera vista, un flechazo urbano que durará toda su vida; cuando muchos años después, refugiado en Inglaterra, recibe la noticia de la invasión de Francia y de que la bandera de la cruz gamada ondea en lo alto de la torre Eiffel, se queda abrumado y comprende que

Europa, *su* Europa, ha muerto definitivamente. Otra de sus primeras visitas es a Bélgica, adonde le lleva el deseo de conocer al poeta Émile Verhaeren, que le parece el equivalente europeo de Walt Whitman por su feroz energía en la afirmación del presente. De fácil al entusiasmo como toda su vida, Stefan Zweig se dedica a traducir primorosamente la obra del autor belga, no muy conocido en los países de habla alemana, logra que sus piezas teatrales sean representadas en Viena y hasta le dedica un completo estudio biográfico y crítico. Más adelante, otro gran hombre por el que sentía admiración, el político y escritor Walter Rathenau, que será asesinado poco después de la primera Gran Guerra y que reunía la literatura y la acción como Zweig quería, le aconsejó: «¿Por qué no se va usted a la India o a América?». Y enseguida así lo hizo éste, mitad como reportero y mitad como observador incipiente del alma humana en todos sus decorados; sobre la India, Manchuria e Indochina escribió páginas un poco a lo Pierre Loti, y en su primera visita a Nueva York renunció a título de experimento a su dinero y se hizo pasar por un inmigrante en busca de trabajo (encontró varios, bastante aceptables). Y luego Londres, que llegaría a ser una especie de nuevo hogar, Italia y también España. A un amigo le escribió: «Usted quiere saber algo de España. Es *espléndida*, eso es todo lo que puede decirse al respecto en una carta».

Aprovechando su creciente renombre, Stefan Zweig prueba suerte en el teatro. Sus tanteos iniciales no pueden tener mejores auspicios; actores y directores de prestigio se ofrecen enseguida para montar sus piezas. Pero sucede una curiosa fatalidad: cuando se acerca el momento de los ensayos o más adelante del estreno, unas veces el intérprete protagonista y otras el propio director caen enfermos o mueren repentinamente. Parece que una maldición ronda sus intentos de acercarse a la escena, hasta el punto de que Zweig se retrae de nuevos intentos dramáticos por miedo a atraer la desgracia sobre quienes se interesan por llevarlos a cabo. Y es una lástima, porque su pieza al estilo barroco *El comediante transformado*, escrita a petición del gran actor Josef Kainz (el ídolo de su padre), es de lo más inspirado que salió de su pluma. Hasta tiene auténtico sentido del humor, algo de lo que normalmente Zweig no hace gala en sus obras. Pero el humor negro llega por otro lado: pocos días antes del comienzo de los ensayos, Josef Kainz contrae una gripe de consecuencias fulminantemente letales. Para Stefan es indudable que Talía viene siempre acompañada de Némesis...

«Cuando quiero recordar mi vida entre los dieciocho y los treinta años —escribe en su autobiografía— y evocar lo que hacía por aquella época, es como si durante todos esos años no hubiera hecho otra cosa que viajar por el mundo, frecuentar cafés y estar siempre acompañado de mujeres. Por mucho que me esfuerce no soy capaz de recordar ni el trabajo ni el aprendizaje, cosa que contradicen los hechos.» ¿Acompañado de mujeres? Según los testimonios de su hermano, que convivió bastante con él, y de la mayoría de quienes le conocieron en esa época, Stefan no tuvo nada parecido a una novia. Tenía éxito con las mujeres, unas atraídas por sus poemas y otras por motivaciones menos elevadas y más rentables, pero todas ellas aves de paso. O quizá el que pasaba fuese Zweig... Además de esa supuesta promiscuidad, cuyo alcance no conocemos, bastantes biógrafos dan también por ciertos diversos encuentros homosexuales y hasta una rocambolesca historia de exhibicionismo (Zweig iría a

Casa en Viena de Sigmund Freud, gran amigo de Stefan Zweig.

sus correrías amparándose en un certificado del doctor Sigmund Freud, que disculpaba su comportamiento por motivos clínicos) basada en un testimonio muy dudoso. Pero, sin perdernos en cotilleos, es interesante resaltar un par de observaciones que hace Benjamín Jarnés en su interesante libro *Stefan Zweig, cumbre apagada*. Jarnés subraya que el inflamado amor que centra algunos de los relatos más conocidos del escritor, frecuentemente protagonizados por mujeres, nunca es un sentimiento románticamente idealizado sino que siempre se trata de una atracción perentoriamente carnal, aunque presentada con gran elegancia. Puede que esta combinación de instinto elemental y emociones civilizadas sea lo que ha sustentado el éxito del autor entre tantos lectores... y sobre todo lectoras. Otra de las observaciones de Jarnés resulta aún más curiosa: cuando Zweig describe a una mujer en sus narraciones, por lo común se limita a mencionar rasgos circunstanciales de su vestuario, su edad, alguna ponderación abstracta de su belleza o atractivo; en cambio, sus descripciones físicas detalladas (la estatura, el color de los ojos, el corte de pelo, la hechura corporal, etc.) las reserva para el momento de presentar a los actores masculinos. Cada cual puede sacar sus propias conclusiones.

Y entonces, cuando Stefan entraba en sus treinta años, dos sucesos fundamentales irrumpen en su vida, primero una mujer que ya no es ave de paso, sino todo lo contrario, y después la guerra. Casualmente conoce a una admiradora, Friderike Maria von Winternitz, que le adora desde lejos pero que no tiene inconveniente en acercarse todo lo que él quiera, pese a estar casada y tener dos hijas. Zweig se ve seducido por esa mujer hermosa y muy inteligente, aburrida por un marido superficial y disipado que no se la merece. Friderike entiende bien no ya lo que Stefan quiere —eso quizá no lo sepa ni él mismo— sino lo que necesita para reforzar su confianza en sí mismo y la fuerza de ese fervor casi adolescente que le resulta imprescindible para crear. Esta complicidad vital se le hará a él completamente necesaria, de tal modo que ya nunca renunciará a ella, ni siquiera cuando tenga aventuras ocasionales —que no le oculta— o incluso la abandone por otra. Es una prefiguración de la relación, también necesaria frente a las otras contingentes, que establecerán décadas más tarde Jean-Paul Sartre y Simone de Beauvoir. Por ahora lo importante es que Friderike renuncia con alivio a su marido y se entrega totalmente a un Stefan que vagabundea con ella por Europa según su hábito y que a veces se va solo de viaje para tener el placer de escribirle pormenorizadamente desde lejos contándole sus aventuras y emociones. Él está pletórico, creativa y humanamente, y ella, muy enamorada y contenta de tener por fin como compañero a alguien de calidad intelectual que puede comprenderla, pues también hace sus pinitos literarios (nada despreciables por cierto). Es 1913 y todo para ellos parece ir bien, aunque no así en Europa. A comienzos del verano de 1914, cuando Stefan está leyendo un libro en un jardín público con elegante languidez, nota una conmoción entre quienes le rodean. Ha llegado la noticia de que el archiduque heredero del imperio ha sido asesinado en Sarajevo. Y estalla la guerra.

Al principio, Stefan Zweig se sintió patrióticamente exaltado por el conflicto bélico, que consideraba justo y hasta necesario. Muchos espíritus destacados incurrieron en la misma actitud, hasta alguien tan lúcido y crítico como Sigmund Freud... Como le declaran inútil para el servicio militar, se presenta voluntario para trabajar en un archivo militar donde también se encuentra su admirado amigo Rainer Maria Rilke, el alma menos marcial que pueda imaginarse. Una de sus tareas es escribir lemas alentadores para quienes luchan en la vanguardia: propaganda, píldoras de entusiasmo falsificado. Pronto Zweig recupera la cordura, se acuerda de todos sus amigos de los diversos países que ha visitado y comprende que ni las fronteras ni los estados pueden alterar esas relaciones personales. Publica en uno de los diarios más importantes una «Carta a mis amigos del extranjero», en la que les dice que espera reunirse pronto con ellos —sean del país que sean—, en cuanto acaben la guerra y su demencia sanguinaria. Pero también menciona que a fin de cuentas le da lo mismo quién sea el vencedor, declaración que a los censores les parece subversiva y que es suprimida. Sus consideraciones sobre la guerra son todavía demasiado teóricas, hasta que recibe una carta severa de un amigo al que admira mucho, Romain Rolland. Éste trabaja en la Cruz Roja suiza y publica una serie de artículos y breves ensayos abiertamente antibelicistas que reunirá en uno de los libros más célebres de la época, *Au-dessus de la mêlée*. La actitud clara e insobornable de Rolland induce finalmente a Zweig a adoptar la posición que mejor cuadra con su acendrado europeísmo. A partir de entonces, siempre se enorgullecerá de no decir ni una palabra contra los nacionales de otro país, por muy enfrentados que estén sus gobiernos con Austria o entre sí. Incluso más tarde, en la Segunda Guerra Mundial, procurará mantener esta actitud de pacifismo cosmopolita. Y sufrirá una gran decepción al enterarse de que su admirado Émile Verhaeren se ha convertido en un nacionalista feroz al ver su Bélgica invadida y escribe diatribas sanguinarias contra Alemania.

La guerra le sirve a Zweig para descubrir las realidades que no están en los libros y que contrastan con el mundo de comodidades y placeres físicos e intelectuales del que ha disfrutado hasta la fecha. Sus superiores le envían en un convoy militar como auxiliar de un médico militar desbordado de trabajo. Yacijas ensangrentadas, quejas desgarradoras de los heridos, los mutilados, los ojos vacíos y aterrados de los prisioneros... Stefan, que no es religioso ni cree en más trascendencia que la del arte, se enfrenta a unas agonías carnales que apenas puede soportar. La vista de la sangre le revuelve el estómago pero sobre todo el espíritu. «¡Cuán espantoso abismo entre las pretenciosas declaraciones de nuestros escritores, de nuestros diplomáticos y de nuestros estrategas, y la tristeza en los ojos del pobre soldado perdido en tan absurda matanza!» El convoy en que va pasa por Galitzia y allí tiene la ocasión de constatar la abrumadora pobreza que reina en los guetos judíos. Es la revelación de la minoría maltratada a la que por azar de nacimiento pertenece, casualidad a la que nunca ha concedido demasiada importancia. Cuando regresa a los archivos de guerra, en los ratos libres que le deja su trabajo, escribe *Jeremías*, un drama teatral en verso inspirado en la Biblia que es un insólito alegato pacifista. Resulta muy extenso, cuatrocientas páginas, y habrá que abreviarlo cuando se quiera llevarlo al escenario. Pero primero es publicado en forma de libro y Zweig, que se ha sentido aislado y lleno de dudas mientras lo escribía, alentado solamente por la voz estimulante de Friderike, se da cuenta de que no está solo y de que hay muchos que piensan como él, que aspiran a escuchar una voz como la suya. Vende miles de ejemplares de la obra en esos tiempos difíciles y hasta logra el elogio reacio de Thomas Mann, por entonces abducido también por el nacionalismo, que la ensalza sin rodeos como la única obra literaria importante aparecida desde el comienzo de la guerra.

Cuando acaba la contienda bélica, Austria está maltrecha y empobrecida. Zweig apenas reconoce la brillante Viena de los tiempos pasados. Lleva ya cuatro años viviendo con Friderike, que se ha mostrado inmejorable compañera en los tiempos de desánimo, y decide regularizar su relación con ella por medio del matrimonio, un estado que hasta entonces había considerado poco compatible con su modo de ser. Buscan un lugar tranquilo donde vivir y poder dedicarse plenamente a sus tareas creativas. Lo encuentran en una colina de Salzburgo, el Kapuzinerberg, una antigua casa solariega desde la que se dominan toda la ciudad y el hermoso paisaje circundante. La casona requiere importantes restauraciones y arreglos, de los que se encarga Friderike. Mientras, para atender los muchos gastos en esa difícil posguerra, Zweig trabaja fervorosamente en una obra titulada *Tres maestros*, en la que trata de Balzac, Dickens y Dostoievski. Este libro, el primero que escribió de una serie de tríadas sobre autores, artistas o científicos, desde una perspectiva unitaria (tres poetas de sus vidas, tres sanadores por el espíritu, etc.) y mez-

Kapuzinerberg, la residencia en Salzburgo de Stefan Zweig.

clando la biografía y la libre interpretación, alcanzó un éxito notable. A partir de él, sueña Zweig con una suerte de «tipología del espíritu», la serie de los Constructores del Mundo en todos los aspectos... o mejor, de los que quisieron construir el mundo y fracasaron por una u otra razón, porque a Zweig le interesaron siempre más los que lo intentaron y no pudieron que los indiscutibles vencedores. Sostenía que las ideas que no han logrado plasmarse conservan por eso mismo un fulgor especial que no ha podido hurtarles el contagio siempre decepcionante de la realidad. Pero antes debe rendir homenaje a quien a su juicio ha sido el único intelectual que de principio a fin ha mantenido una actitud invariablemente justa y militante ante el desvarío de la guerra. De modo que consagra un voluminoso ensayo a *Romain Rolland, el hombre y su obra*, en el que analiza pormenorizadamente esta última pero da pocos detalles íntimos o anecdóticos sobre el ser humano. ¿Exceso de respeto? En cualquier caso, es el sistema opuesto del que va a seguir en sus biografías, que dan primacía a la psicología del personaje incluso sobre su situación social o histórica. Stefan Zweig tiene ya cuarenta años, una mujer que le ayuda y le estimula en la medida en que él se deja, es padrastro de dos hijas (a las que no puede ni ver por tontas y frí-

Busto de Stefan Zweig
en el Kapuzinerberg.

volas) y vive en una distinguida morada señorial con hermosas vistas... en la que para lo menos posible.

Allí, en su casa de Kapuzinerberg, instala su amplia y exquisita colección de autógrafos y *memorabilia* de grandes autores, con manuscritos de Goethe, Schubert o Mozart, el escritorio de Beethoven con su recado de escribir, el dibujo del rey Juan shakespeariano realizado por William Blake, etc. En esta recopilación de maravillas para *cognoscenti* se ha gastado mucho dinero y constituye su mayor fuente de orgullo (nunca les perdonó a sus hijastras que en todos los años que pasaron juntos jamás le pidieron que les enseñase su colección; ¡burras!). También recibe allí a personalidades de diversos campos: Jules Romains, Arturo Toscanini, Hermann Hesse, H. G. Wells y tantos otros no menos distinguidos que van a pasar una tarde o a alojarse varios días con su generoso anfitrión. Se dedica cada vez más a la ficción, que antes ha practicado de tarde en tarde; uno de sus primeros relatos fue *Ardiente secreto*, precioso e intenso, en el que un niño se venga de los coqueteos que le marginan entre su guapa mamá y un galán de balneario que le utilizó zalameramente para acercarse a ella. Le siguen ahora *Amok*, *Carta de una desconocida*, *Veinticuatro horas en la vida de una mujer*, *La callejuela a la luz de la luna*, *Miedo*... Estas historias apasionadas y sensuales que pocas veces consienten un final más o menos feliz, se convierten automáticamente en *best-sellers*, son vertidas a docenas de lenguas y algunas de ellas son llevadas al cine, incluso más de una vez. Zweig es el autor más leído de su época, el más traducido, el más unánimemente celebrado por todo tipo de lectores, desde Sigmund Freud hasta personas modestas cuya biblioteca casera se reduce a cuatro o cinco de sus libros. ¿A qué atribuir este éxito? El estilo narrativo de Zweig es clásico, incluso algo anticuado a veces (compárese con el de alguno de sus amigos, como Joseph Roth), pero denso, vibrante, lleno de incidencias ininterrumpidas y concentrado en pocas páginas, en volúmenes esbeltos y nada intimidatorios. Los *best-sellers* de cientos y cientos de páginas son cosa aún del porvenir.

Zweig se dedica con acierto al arte de la crítica de grandes autores (sus estudios sobre Balzac, Dostoievski o Nietzsche son magistrales), pero también a narrar con brío y épica los episodios históricos que le parecen cruciales. Su libro *Momentos estelares de la humanidad*, en el que reúne catorce miniaturas históricas que abarcan desde la caída de Bizancio o la derrota de Napoleón en Waterloo hasta la primera palabra enviada por cable a través del Atlántico y el regreso a Rusia de Lenin en el tren sellado para iniciar la revolución, fue y sigue siendo una de sus obras más conocidas, celebrada por sucesivas generaciones de lectores. Su afición por la historia y su enorme capacidad de trabajo previo de documentación le llevan a acometer grandes biografías, minuciosas en los detalles objetivos pero que ahondan en la psicología de los personajes diseccionados con impetuosidad de novelista. Así saca a escena, desnudas y trágicas, a dos reinas de infausto destino, María Estuardo y María Antonieta. Para mi gusto, empero, sus dos mejores estudios en este campo son los que dedica al talento tenebroso de Joseph Fouché, que a la vez es una autopsia de la pasión política por el poder sin escrúpulos, y al explorador Fernando de Magallanes, cuyo azaroso periplo en torno al mundo cuenta con la convicción y el graduado suspense de una novela de aventuras. También hizo una semblanza de Erasmo, humanista, europeísta de vanguardia y enemigo de la guerra, en la cual encerró claves autobiográficas disimuladas. Y la más emocionante y actual de todas ellas, la crónica del enfrentamiento entre el fanático Calvino y el humanista Castellio, quien protestó contra la ejecución de Miguel Servet por herejía con palabras inolvidables que hoy sigue siendo necesario repetir: «Matar a un hombre no será nunca defender una doctrina, será siempre matar a un hombre».

La personalidad de Stefan Zweig no sólo albergaba contradicciones notables sino que también despertaba reacciones opuestas entre quienes le conocieron. Se consideraba a sí mismo un hombre demócrata y liberal, pero no admitía familiaridades a la servidumbre y solía adoptar un aire más bien aristocrático en su trato cotidiano. Su natural entusiasta y positivo (aborrecía la crítica: «La negación es estéril») le llevó en un principio a recibir favorablemente el triunfo de los nazis, en el que veía una victoria de la juventud «quizá algo insensata» contra los políticos tradicionales y aletargados. El joven Klaus Mann (hijo de Thomas) tuvo que recordarle que «la revolución de la juventud puede estar al servicio e interés de fuerzas nobles e innobles». Desdeñaba altivamente la literatura popular (habla a veces de las «noveluchas policíacas»), pero su propia obra gozó de una inmensa popularidad que le hacía sospechoso de éxito fácil ante talentos atrabiliarios como Karl Kraus y Elias Canetti. Hasta sus censores menos complacientes tienen que aceptar que ayudó con generosidad y desprendimiento a los jóvenes autores, así como que empleó buena parte de su fortuna en socorrer las necesidades de amigos o conocidos remotos en dificultades pecuniarias. En su largo exilio por Inglaterra, Estados Unidos y Brasil llegó a convertirse en una especie de institución caritativa para los inmigrantes centroeuropeos que acudían a él. Lo cual no siempre le ganó simpatías o afecto, porque ya se sabe que pocos necesitados son capaces de perdonar del todo a quien está en posición de hacerles favores. Un caso de especial ambigüedad es el de Joseph Roth, que indudablemente fue su amigo y huésped en muchas ocasiones. Zweig le admiraba y le financiaba generosamente, mientras que Roth —dipsómano genial— le menospreciaba y le tenía por representante de una perspectiva literaria sin verdadera profundidad, aunque no careciese de afecto por él.

Pronto tuvo ocasión Stefan Zweig de revocar su inicial optimismo ingenuo ante el ascenso de los nazis. La llegada de Hitler al poder se reveló enseguida como una auténtica maldición para él, tanto como escritor y judío como en su calidad de entusiasta europeo. Sus libros fueron quemados públicamente, como los de Freud y otros autores, y su obra llegó a prohibirse totalmente en lengua alemana. De nada le valió su colaboración con el músico Richard Strauss, bienquisto por los nazis, para quien escribió el libreto de la ópera *La mujer silenciosa* cuando ya la prohibición de publicar había caído sobre los judíos.

Ante la inminente anexión de Austria por la Alemania nazi, Stefan Zweig abandona su mansión de Kapuzinerberg, deja Salzburgo, deja su patria. Aparentemente es una retirada prudente hasta que «se arreglen las cosas», pero en el fondo sabe que ya no volverá. Se lleva con él la parte más fácilmente transportable de su colección de autógrafos, el retrato del rey Juan por William Blake, sus joyas preferidas. Le acompañan su mujer Friderike y su nueva secretaria, Lotte

Centro Stefan Zweig en Salzburgo.

Altmann. Había conocido a esta última por mediación de su amigo Peter Smolka, que luego fue guionista junto con Graham Greene de *El tercer hombre*. Lotte era muy joven, callada, enferma crónica de asma y devota del maestro. No tardó mucho Friderike en encontrarla en una postura comprometida con Stefan y darse cuenta de que era también algo más para él. Se refugiaron en Inglaterra, primero en Londres —en Portland Place— y después en Bath. Stefan se nacionalizó inglés poco antes de la declaración de guerra contra Alemania. A partir del inicio de las hostilidades, y a pesar de sus protestas (¡por favor, él no era alemán sino austríaco y venía precisamente huyendo de los alemanes!), se vio considerado «extranjero enemigo», lo que implicaba la prohibición de alejarse más de ocho kilómetros del centro de Bath salvo si solicitaba un permiso especial.

El mayor alivio de su retiro forzoso a Gran Bretaña fue tratar en sus últimos meses a una de las personas que más admiró en su vida, Sigmund Freud. El padre del psicoanálisis estaba habituado a las persecuciones, primero por sus escandalosas ideas sobre la psique y la sexualidad, y luego por su judaísmo ateo, el más odioso para puritanos y nazis. Zweig se había sentido tristemente orgulloso de que sus obras fuesen quemadas junto con las del ilustre doctor. Tiempo atrás le había visitado en su casa de Viena acompañado de un joven pintor inconformista, Salvador Dalí, que mientras ambos charlaban de las perplejidades íntimas de los humanos que interesaban por igual al médico y al novelista, se había entretenido dibujando a Freud. Pero Zweig no se atrevió nunca a mostrar el esbozo resultante al involuntario modelo, porque Dalí, con clarividencia, había incluido a la muerte en el retrato del doctor. Precisamente, fue el fallecimiento de Freud poco más de un año después de exiliarse en Inglaterra lo que motivó el único «permiso especial» de Zweig para viajar a Londres. Hubo de pronunciar su panegírico en el cementerio de Golders Green, ante un reducido número de admiradores, muchos de ellos centroeuropeos. En sus emotivas palabras, Zweig hizo no sólo el elogio de su reverenciado amigo sino también un resumen de sus propios ideales maltrechos: «En nuestra juventud, no deseábamos nada más fervientemente que llevar una vida heroica. Teníamos el sueño de conocer a un héroe espiritual en carne y hueso, un héroe que nos ayudase a ser mejores, un hombre que no cayese en las tentaciones de la fama y la vanidad, que poseyera un alma completa y responsable, dedicado a su misión, a una misión que cosechase no el beneficio propio sino el enriquecimiento de toda la humanidad. Nuestro querido difunto Freud cumplió ese entusiástico sueño de juventud».

Sin duda a Stefan Zweig le atormentaba la incertidumbre de si él mismo había logrado cumplir su sueño de juventud. Era un escritor mundialmente reconocido, hasta un punto que le abrumaba un poco, y no se le podía reprochar no haber luchado siempre con la pluma y la palabra en favor del humanismo, de la paz y de Europa. Algunos le censuraban, como a Erasmo (otro de sus mentores intelectuales y vitales), una cierta timidez a la hora de enfrentarse sin rodeos ni alusiones veladas al atroz totalitarismo nazi. Hasta el último momento, con todas las precauciones posibles, intentó no romper del todo con Alemania, conservar a su editor allí a pesar de la quema de sus libros, colaborar con Richard Strauss pese a que estaba prohibido que su nombre figurase como autor de sus libretos. Quizá lo que mayor indignación le produjo de cuanto tuvo que soportar fue un detalle relativamente menor, relacionado con su madre: la anciana señora seguía viviendo en Viena, y cuando el tiempo lo permitía paseaba por un céntrico parque cercano a su casa. De vez en cuando, cada cinco o diez minutos, debía sentarse a descansar en uno de los bancos que jalonaban el camino entre árboles y macizos florales. Pues bien, cuando los nazis ocuparon la capital de Austria, en una de esas disposiciones de malévolo sadismo que les caracterizaba en lo pequeño y en lo grande, prohibieron a los judíos sentarse en los bancos del parque. Eso privó de su último y sencillo placer a la pobre anciana, que murió a los pocos meses. Por elemental prudencia Zweig no regresó a Viena para sus exequias, pero en su correspondencia y en sus memorias muestra una auténtica furia contra esa muestra de mezquina tiranía, que le afectó simbólicamente en lo más hondo del alma.

¿Podía estar contento por tanto de su obra y su vida? No, no lo estaba. Dudaba del valor de cuanto había escrito, y su éxito de público no le tranquilizaba sino que reforzaba sus dudas. Aunque no creía en el triunfo final de Hitler en la contienda mundial, estaba seguro de que la Europa sin fronteras, humanista y refinada que él había amado ya no volvería a ser igual. Sobre todo, tenía un miedo espantoso a envejecer. Su salud era buena, su aspecto era relativamente lozano y estaba casado con una guapa mujer mucho más joven que él. Pero nada de eso bastaba para calmar su pánico al deterioro inevitable que traen los años. A todos los idiotas que insisten en que «el tiempo cura todos los males», habría que preguntarles: ¿la vejez, por ejemplo?

Desde Gran Bretaña se fue a Estados Unidos, para continuar allí su exilio itinerante. Lotte y él se instalaron cerca de Nueva York, en Ossining, una pequeña localidad próxima a la prisión de Sing Sing, frente a la que tenía que pasar casi todos los días. ¿Otra metáfora casual? Allí comenzó a escribir a un ritmo casi febril —setenta páginas por día— sus memorias. Evidentemente, su talento no había sufrido ningún menoscabo, porque cuenta entre lo mejor de su obra, lo mismo que su último relato, la magistral *Novela de ajedrez*, y las páginas inacabadas de su última biografía, dedicada a otro de sus príncipes intelectuales, Montaigne. Pero la Yanquilandia frenética y tecnológica no le gusta, le desazona profundamente, a pesar de lo bien que le trata y de encontrar allí a tantos otros desterrados ilustres, empezando por Thomas Mann. Comparte el dictamen de su amigo Freud: «Estados Unidos es un error... Un error enorme, pero error al fin y al cabo». Después de unos meses lo abandona para irse a Brasil, donde se instala en Petrópolis, un bello enclave cercano a Río de Janeiro. Está en una casa desde la que se divisa un paisaje frondoso y casi virgen, rico en flores, cuyo nombre ignora (hoy esa casa, en la rua Gonçalves Dias, 34, es un museo dedicado a su persona y a otras del exilio europeo en Brasil). Allí padece de lo contrario que en Nueva York, de demasiada naturaleza (que a él nunca le ha entusiasmado) y excesivo primitivismo: «No había nunca pensado que al cumplir los sesenta años me encontraría aposentado en un pueblecito brasileño, atendido por una chica negra descalza y a kilómetros y kilómetros de distancia de todo lo que antes fue mi vida: libros, conciertos, amigos, conversación...».

Tiene pocas visitas: la escritora Gabriela Mistral, Feder, un compañero para jugar al ajedrez... Sigue leyendo con pasión y hasta hace algún descubrimiento literario: le entusiasma *La Malquerida*, de Jacinto Benavente, y escribe a su antiguo editor alemán para recomendarle que la traduzca y la publique. A comienzos de 1942 baja a Río para ver el célebre carnaval, pero ya ha tomado una decisión. Escribe varias cartas de despedida, la más larga a Friderike y otra para agradecer la hospitalidad de Brasil y mandar su adiós a los amigos: «Que se les permita ver la aurora de esta larga noche. Yo, demasiado impaciente, me voy antes». El 22 de febrero, domingo, Stefan Zweig tomó una dosis mortal de veronal. Después la tomó su mujer, Lotte. Los encontraron juntos, tendidos en la cama; ella tenía la cabeza apoyada en el hombro de él y la mano sobre las suyas. Sus memorias *El mundo de ayer* acaban con estas palabras: «Pero toda sombra es, al fin y al cabo, hija de la luz y sólo quien ha conocido la claridad y las tinieblas, la guerra y la paz, el ascenso y la caída, sólo éste ha vivido de verdad».

VIENA - BADEN BEI WIEN	40 KM	37'
BADEN BEI WIEN - SALZBURGO	295 KM	2 H 40'
SALZBURGO - ZURICH	455 KM	4 H 36'
ZURICH - BADEN BEI ZÜRICH	24 KM	26'
BADEN BEI ZÜRICH - BERLÍN	825 KM	7 H 54'
BERLÍN - HAMBURGO	288 KM	2 H 52'
HAMBURGO - BRUSELAS	594 KM	5 H 39'
BRUSELAS - OSTENDE (BÉLGICA)	111 KM	1 H 10'
OSTENDE (BÉLGICA) - PARÍS	310 KM	3 H 4'
LONDRES - BATH (INGLATERRA)	15 MILLAS	2 H 30'

VIENA

SALZBURGO

INNSBRUCK

KLAGENFURT

Despedida

Un día no serás, y nunca el mundo
sabrá que pudo ser siempre más bello
con solo retenerte. Yo soy ese testigo
que canta, sin furor, tanta demencia.
Soy yo quien ha vivido
la desventura de tu muerte. Eso que nadie,
ni tan siquiera tú, sospecha que ha ocurrido.

FRANCISCO BRINES